101가지
쿨하고
흥미진진한
세계사 이야기

101 COOL HILARIOUS HISTORIES

Published by Hinkler Books Pty Ltd, 45–55 Fairchild Street, Heatherton, Victoria 3202, Australia
www.hinkler.com

101가지 쿨하고 흥미진진한
세계사 이야기

1판 1쇄 인쇄 2020년 5월 5일
1판 1쇄 발행 2020년 5월 10일

저자 스티브 버뎃(Steve Burdett)
그림 글렌 싱글레톤(Glen Singleton)
역자 오광일
펴낸이 이윤규

펴낸곳 유아이북스
출판등록 2012년 4월 2일
주소 서울시 용산구 효창원로 64길 6
전화 (02) 704-2521 **팩스** (02) 715-3536
이메일 uibooks@uibooks.co.kr

ISBN 979-11-6322-040-4 43900
값 13,800원

• 이 도서의 국립중앙도서관 출판예정도서목록(CIP)은 서지정보유통지원시스템 홈페이지(http://seoji.nl.go.kr)와
국가자료종합목록 구축시스템(http://kolis-net.nl.go.kr)에서 이용하실 수 있습니다. (CIP제어번호: CIP2020013349)

머리글
역사여행을 시작하며

역사 시간만 되면 교실 맨 끝자리에 앉아서 꾸벅꾸벅 졸지 않니? 그렇다면, 다시는 그런 걱정을 할 필요가 없을 거야.

'역사는 고리타분해'라고 생각해? 그렇다면, 전투기 비행, 우주여행, 말 타는 기사, 강력한 여왕, 전설적인 전사들, 괴짜 교수, 마녀 그리고 해적에 관한 이야기들이 따분하다고 말하는 것과 같아. 역사는 멋지고 신나는 것들로 가득 찬 이야기보따리거든.

이제 신비로운 일들이 벌어졌던 시대로 시간 여행을 떠나 보자고. 피라미드를 세우고, 아메리카 대륙이나 오스트레일리아 대륙을 탐험하는 일이나, 마녀재판 같은 것들이 있었던 시대로 떠나는 거지. 얼마나 신나는 일인지 상상해 보시라!

미국의 거친 서부 시대로 가서 카우보이를 만나 볼까? 용맹한 칭기즈 칸(Genghis Khan)을 볼 수도 있지. 유럽의 위대한 전사들을 쫓아다녀 보는 건 어때? 결코 가라앉지 않는다는 배에 관한 이야기와 주머니에 방사능 시험관을 가지고 다니던 여자의 이야기를 들어본 적이 있니? 당근을 먹으면 어두운 곳에서도 잘 볼 수 있다고 말하는 이유를 알게 될 거야. 그리고, 화장지가 발명되기 전에는 어떻게 밑을 닦았는지도 보여 줄게.

그러고 나서, 우리는 자동차, 비행기, 로켓 우주선 그리고 가정용 컴퓨터 같은 것들을 가지고 21세기로 다시 돌아올 거야. 이런 발명품들이 없었다면 우리는 태블릿 컴퓨터나 스마트폰 같은 것들을 만날 수 없었겠지?

끔찍한 질병들, 탐욕스러운 여왕들, 잘난 척하는 악당들도 만나게 될 거야. 영화에서 본 것들보다도 더 심각하니까 각오해! 하지만, 우리에게 희망과 즐거운 이야기를 들려줄 위대한 영웅들도 보게 될 테니까 기대해도 좋아.

이제 알겠지? 역사는 엄청난 이야기들로 가득 차 있다는 것을. 역사 이야기에서 영감을 얻은 영화와 TV 쇼들도 많아. 그러니까, 학교에서 연극 공연을 할 때마다 윌리엄 셰익스피어(William Shakespeare)에게 고마워하자고.

역사는 영웅과 악당, 선과 악, 천재들과 모사꾼들로 가득 차 있어. 우리 마음을 사로잡을 멋지고 놀랍고 신나는 이야기들이 마구 뒤섞여 있다는 거지. 이제 진짜로 신나게 달려 보자고!

차례

아주 아주 먼 옛날에…

고대 이집트, 그리스, 로마 사람들

1 고대 이집트의 왕좌의 게임

네페르티티(Nefertiti) 여왕은 기원전 1353년부터 기원전 1336년까지 고대 이집트를 다스렸는데, 아주 유명한 사람이었지. 그 이름은 '아름다운 사람이 왔도다!'라는 뜻이라고 해. 네페르티티 여왕은 지금도 꽤 유명한데, 1913년에 그의 아름다운 모습을 보여주는 조각상이 발견되었기 때문이지.

네페르티티는 아크나톤(아케나텐) 파라오의 부인이었어. 둘 사이에는 딸이 여섯이 있었는데, 아크나톤 파라오는 아들을 꼭 갖고 싶었나 봐. 그래서 다른 여자들과도 결혼했지. 그중에는 파라오 자신의 누이도 있었고, 마침내 투탕카

멘(투탕카문)이라는 아들을 낳았지. 투탕카멘은 나중에 이복 누이와 결혼하는데, 네페르티티의 딸과 결혼한 거라고! 왕족의 가족 관계는 참 이상할 때도 있는 것 같아.

클레오파트라(Cleopatra) 7세는 이집트의 마지막 여왕이야. 기원전 51년에 왕위에 올랐는데, 겨우 17살이었지. 자신의 남자 형제들 중 두 명과 결혼했는데, 그중에서 두 번째 남편을 죽였다고 해. 자신의 아들을 왕좌에 앉히기 위해서였지. 이집트에서는 지위가 높아질수록 화장을 더 많이 했다고 해. 클레오파트라도 마찬가지였지. 이집트 시대에는 남자, 여자 모두 화장을 했었어. 재미있지? 클레오파트라는 뛰어난 미모로 명성이 자자했지만, 아주 똑똑한 사람이기도 했나 봐. 여러 나라의 언어로 말할 수 있었거든.

클레오파트라의 로맨스도 아주 유명해. 로마제국의 안토니우스(안토니)장군과 연합하기도 했는데, 그 사랑은 슬프게 끝나고 말아. 기원전 30년에 둘이 함께 자살했거든. 안토니우스는 로마의 새로운 황제를 결정짓는 전투에서 아우구스투스(Augustus, 기원전 63년-서기 14년)에게 패배했거든.

이건 몰랐지?

해트셉수트(Hatshepsut)는 여자 파라오야. 남자처럼 옷을 입고, 가짜 수염을 달고 살았다고 해. 그렇게 하면 이집트의 신들과 더 가까워질 수 있다고 믿었거든. 여자 통치자들 중에서는 통치기간이 가장 길었어. 기원전 15세기에 20년간 이집트를 통치했거든. 이집트에서 가장 성공적인 통치자들 중 한 사람이라고 말할 수 있지.

2 무덤 도굴꾼들

툼 레이더(Tomb Raiders)라는 비디오 게임이나 영화를 본 사람이라면 라라 크로포트(Lara Croft)의 멋진 활약을 기억할 거야. 그런데, 원조가 따로 있다는 건 몰랐을걸?

고대 이집트 사람들은 죽음 이후에도 영혼은 계속 살아 있다고 믿었어. 그래서 저승으로 여행할 몸을 만들기 위해 시체를 썩지 않게 방부처리하고, 붕대로 칭칭 감아서 미라로 만들었던 거야. 부자가 죽으면, 금과 보석뿐만 아니라 저승에서도 필요한 물건들을 함께 묻었어. 파라오들은 아주 거대한 무덤 안에 잘 모셨지. 그 무덤이 바로 피라미드야.

이런 무덤들 안에는 엄청난 보물들이 함께 있었어. 도굴꾼들이 그걸 그냥 둘 리가 없었겠지? 붙잡히면 죽은 후에도 저승으로 들어갈 수 없게 만들었다고 해. 이건 이집트 사람들에게는 아주 끔찍한 일이지. 무덤에는 비밀의 문이 있고 함정이 설치되어 있었어. 강도들을 막기 위함이지. 게다가 도둑들에게는 강력한 저주가 내려졌대.

투탕카멘은 기원전 1323년에 무덤에 묻혔어. 1922년, 어느 고고학 발굴 팀이 투탕카멘의 무덤을 발견했지. 그런데, 무덤을 발굴했던 사람들이 갑자기 죽기 시작했어. 죽음의 원인은 제각각이었지. 불가사의한 병에 걸리거나 패혈증에 걸리기도 했어. 감염된 모기에 물려 죽은 사람과 열병으로 죽은 사람도 있었고, 살해당한 사람도 있었어. 심지어 부인이 총으로 쏴 죽인 경우도 있었대. 이런 죽음들이 서로 관련 없는 괴이한 사고였을까? 혹시 소문대로 파라오의 저주는 아니었을까?

나는 마법에 걸렸어요.

이건 몰랐지?

고대 이집트 사람들은 마법이 병을 치료하고, 적들을 죽이거나, 왕을 지킬 수 있다고 믿었대. 마법으로 전갈들을 부릴 수도 있고 말이야. 심지어는 상아로 만든 마술 지팡이도 있었다고 해. 해리포터 못지않은데?

3 그리스의 신들과 신화

고대 그리스 사람들은 신화를 사랑했어. 신들의 이야기는 오늘날에도 여전히 많은 사랑을 받고 있지. 그중에서도 트로이 목마 이야기는 아주 유명해.

전하는 이야기에 따르면, 고대 그리스는 트로이와 전쟁을 했다고 해. 트로이는 오늘날의 터키 근처에 있던 고대 도시라고 하는데, 그리스는 10년 동안이나 트로이를 포위했어. 아주 지루하고 지겨운 시간이었겠지? 그래서 어떻게 했을까? 그리스인들은 나무로 거대한 말을 만들고, 그 안에 군인들을 숨겨 놓고 모두 떠난 척했어. 트로이 사람들은 이게 전쟁의 여신인 아테나에게 바치는 제물이라고 생각했나 봐. 나무로 만든 거대한 말을 자신들의 도시까지 끌고 왔어. 지금 생각해 보면 트로이 사람들은 참 어리석었던 거지. 한밤중에 그리스 군인들이 목마 밖으로 쏟아져 나왔고, 트로이의 문을 열어버렸어. 밖에서 기다리고 있

던 다른 그리스 군인들과 함께 트로이를 정복한 거지.

고대 그리스 사람들은 신화 속에 신들도 아주 사랑했어. 그리스 최고의 신이 바로 제우스(Zeus)야. 천둥의 신이면서 신들이 사는 올림포스 산의 지배자이기도 하지. 신들은 땅에 사는 인간들을 내려다보고 있었어. 그리스 사람들은 신의 심기를 거스르지 않기 위해 노력했어. 신들이 화가 나면 벼락을 내리고, 배를 가라앉히거나, 지진이 나게 한다고 믿었거든. 그렇게 되면 정말로 살기 힘들어지는 거지.

이건 몰랐지?

알몸으로 마라톤을 하는 것은
정말로 옳지 않아…. 신발도 안 신고
말이야…. 발바닥이 아파 죽겠어.

올림픽대회는 원래 기원전 776년부터 시작됐어. 아주 오래전이지. 참가자들은 모두 알몸으로 경기를 했대. 원래 올림픽은 전차 경주와 레슬링 경기를 했고, 모든 행사는 제우스에게 경의를 표현하기 위한 거라고 할 수 있지.

4 알렉산드로스 대왕

알렉산드로스(알렉산더) 대왕이 역사에서 아주 강력한 정복자들 중 한 사람이라는 것은 의심의 여지가 없어. 불패의 전투 기록을 보유하고 있거든. 하지만, 알렉산드로스는 그저 싸움만 잘하는 사람은 아니었어. 음악과 책 읽기를 좋아했고, 과학자이자 철학자였던 아리스토텔레스의 제자이기도 해. 아리스토텔레스는 그리스의 유명한 학자야.

알렉산드로스는 그야말로 문무를 겸비한 사람이었어. 기원전 336년에 아버지가 암살당하자 왕위를 이어받았어. 그때부터 수많은 정복 활동을 시작했지. 알렉산드로스는 이집트도 정복하고 나서 알렉산드리아(Alexandria)라는 도시를 건설했어. 도시의 이름을 자신의 이름에서 따왔어. 알렉산드로스 제국은 그리스에서 인도까지 이어질 정도로 대단했지.

알렉산드로스는 약간 거만하기도 했나 봐. 아마도 그리스의 신들과 전설적인 영웅들에 관한 이야기를 너무 많이 읽은 탓일지도 모르지. 아니면, 아주 야심만만했던 어머니의 영향일 수도 있겠지. 알렉산드로스 어머니의 이름은 올림피아스(Olympias)라고 해. 알렉산드로스는 자기가 그리스 신 제우스의 아들이

라서 전투에서 천하무적이라고 믿었지. 실제로 단 한 번도 패배한 적이 없다고 해. 그는 큰 위험을 감수해야 하는 전투도 했었는데, 부하들이 항상 좋아한 건 아니었어. 게다가 페르시아 제국의 의상과 생활 방식을 도입하기도 했어. 그리스 사람들은 이런 것들을 정말로 좋아하지 않았어. 그렇지만 알렉산드로스에게 반대하면, 바로 처형당했다고 해. 이런 식으로 사람들의 입을 틀어막았겠지?

알렉산드로스는 페르시아풍의 신발을 뽐냈다. 그리고 그 신발의 가치를 인정하지 않는 사람들을 처리했다.

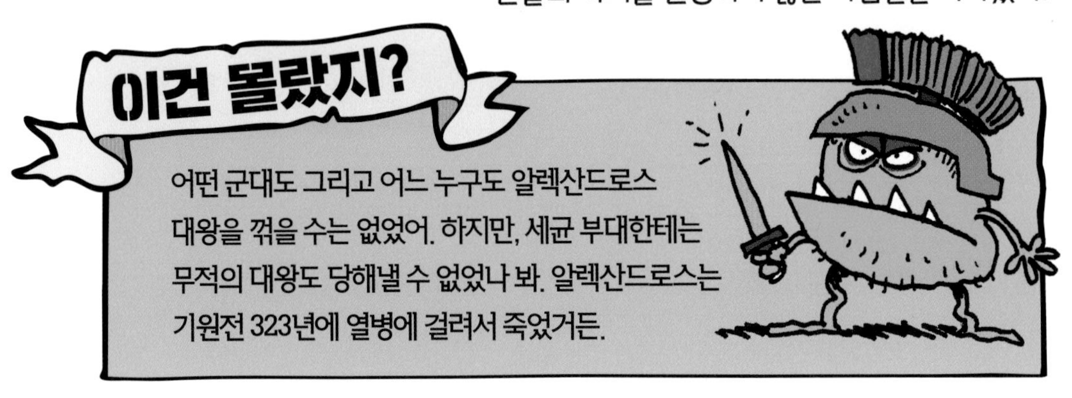

어떤 군대도 그리고 어느 누구도 알렉산드로스 대왕을 꺾을 수는 없었어. 하지만, 세균 부대한테는 무적의 대왕도 당해낼 수 없었나 봐. 알렉산드로스는 기원전 323년에 열병에 걸려서 죽었거든.

5 그리스의 괴짜 천재들

고대 그리스인 중에는 엄청난 천재들이 존재했지. 위대한 철학자, 과학자, 공

학자, 천문학자, 그리고 수학자가 전 세계에 어마어마한 영향을 끼쳤어.

피타고라스(Pythagoras)의 정리라고 들어봤지? 직각삼각형에 관한 수학 공식이야. 피타고라스는 오늘날까지도 아주 유명한 수학자이자 철학자야. 피타고라스는 죽은 지 2500년이 넘었는데도 학생들 사이에서는 여전히 유명 인사야. 수학 시간이면 어김없이 등장하니 말이야.

아르키메데스(Archimedes)는 놀라운 발명가였어. 시라쿠스(Syracuse)의 왕이 아르키메데스에게 그의 왕관이 정말로 순금으로 만들어졌는지 알아내라고 했어. 왕은 자기가 사기를 당했는지 알고 싶었거든. 해답은 어느 날 갑자기 떠올랐어. 욕조에 발을 들여놓는 순간에 말이야. 아르키메데스는 이렇게 외쳤어. "유레카(알았다. 바로 이거야)!" 그리고는 너무 기뻐서 벌거벗은 채로 거리로 뛰쳐나갔지. 아르키메데스는 흘러나온 물의 양이 그 물을 대신하는 물체의 질

량과 같다는 것을 알아낸 거야. 이 경우에는 물체가 아니라 사람이겠지. 이 그리스의 괴짜 천재는 금의 질량을 알고 있었고, 왕관을 물속에 넣었을 때 얼마나 많은 물이 넘치는지 볼 수 있었어. 그리곤 왕관이 순금으로 만들어졌다는 걸 알아낼 수 있었지. 이게 바로 목욕이 꼭 시간 낭비는 아니라는 증거라고!

이건 몰랐지?

아르키메데스의 많은 발명들 중에는 투석기도 있었어. 로마의 침략으로부터 조국을 지키는 데에 사용되었지. 그의 발명 중에서 가장 멋진 것은 바로 열 광선(heat ray)이야. 거울을 이용해서 광선을 적의 배에 쏘는 거야. 적의 배에 불을 지르는 거지.

그리스의 이런 날씨는 정말로 싫어, 클라우디우스! 1000개의 태양이 빛을 뿜어내는 것 같아.

6 율리우스 카이사르

율리우스 카이사르(Julius Caesar)는 역사적으로 위대한 통치자들 중 한 명이지. 군대에서는 장군으로서 갈리아(골) 지역을 정복했어. 갈리아 지역은 지금의 프랑스와 서유럽에 위치해 있었던 곳이야. 기원전 49년에는 이탈리아로 돌아와서 엄청난 내전을 치렀지. 전쟁이 끝나고 카이사르는 로마제국 최고 지도자의 지위에 올랐어. 로마 사람들이 엄청나게 많이 한 것이 있다면, 그건 바로 전쟁이야.

카이사르는 인기가 많은 사람이었어. 적들과 싸우는 와중에도 이집트 여왕인 클레오파트라하고 데이트도 하고 말이야. 게다가 로마 사회를 안정시키기 위해 노력했어. 예를 들면, 빚을 줄여 주는 것 같은 일들을 했지. 로마 사람들이 얼마나 고마워했겠어. 기원전 44년, 원로원 의원들은 카이사르의 힘이 너무 커진다고 생각했어. 결국 카이사르는 축제일이었던 3월 15일에 로마의 정치가인 브루투스(Brutus)와 다른 원로원 의원들에 의해 암살당하면서 생을 마감하지.

이건 몰랐지?

카이사르를 암살한 일당들은 대중들이 카이사르를 어떻게 생각하고 있는지 잘 몰랐던 것 같아. 카이사르의 죽음 이후에 결국 로마는 내전에 휩싸이고 말아. 원로원 의원들이 원했던 공화국은 실현되지 못했어. 카이사르의 조카인 아우구스투스가 로마의 황제가 되었거든. 기억나지? 아우구스투스는 클레오파트라의 연인인 안토니우스 장군을 물리친 바로 그 사람이야.

7 폼페이

폼페이(Pompeii)는 이탈리아 남부의 분주한 도시였어. 로마 최고의 공학 기술과 풍습을 뽐내던 곳이었지. 로마 사람들은 원형 경기장에서 전차 경주와 검투사 경기를 관람했어. 실내 경기장에서는 목욕과 운동을 했지. 로마 시대에도 체육은 즐거운 시간이었을 거야.

폼페이는 근처에 있던 베수비우스(베수비오)산과는 어울리는 곳이 아니었나 봐. 베수비오 화산은 서기 79년에 폭발했어. 아주 뜨거운 가스와 재를 내뿜었고, 사람들은 살기 위해 달려 나갔

지만, 많은 사람들이 죽었어. 심지어 저녁 식사를 하거나, 화장실에 앉아 있다가 죽은 사람도 있었어. 폼페이는 화산재에 뒤덮여 땅속에 매장되었고 수백 년 동안 사람들에게 잊혀졌지.

폼페이는 18세기가 되어서야 발굴되었어. 지금은 세계에서 가장 잘 보존된 고고학 유적지 중 하나로 유명해. 방문객들은 1600년 전 그대로의 거리를 걸을 수 있지. 그 당시의 삶이 어땠을지 알 수 있어. 화산재 때문에 1000명이 넘는 사람들의 마지막 모습이 그대로 보존되어 있어서 몸의 형체를 볼 수 있을 정도라고 해.

잘 좀 보고 다녀요!

이건 몰랐지?

아우구스투스
폼페이를
떠남. 정말로
잽싸게!

역사적인 유물만 화산재에 덮인 채로 보존된 것은 아니야. 낙서도 발견되었어. '사랑해, 스펜두사(Spendusa). 마르쿠스 (Marcus)가', '아우피디우스(Aufidius)가 왔다 감' 이런 낙서들이 건물 벽에 새겨져 있다고 해. 예나 지금이나 변하지 않는 것도 있나 봐.

8 검투사들

지금은 경기장에서 운동 경기나 콘서트를 즐기잖아. 로마 시대에 경기장은 피 흘리며 싸우는 결투를 관람하는 곳이었어.

검투사들이 서로 결투하고, 관중들은 그 모습을 즐겼다고 해. 검투사들 중에는 노예가 많았지만, 꼭 그런 건 아니었어. 돈 때문에 혹은 자신을 증명하기 위해 자발적으로 나서는 경우도 있었대. 제정신이 아니었던 것 같아. 정정당당하지 못한 결투도 있었어. 한쪽은 창과 방패를 들고, 상대는 그물과 삼지창을 들고 싸우는 것처럼 말이야. 결투가 벌어지는 원형 경기장은 아주 잔혹한 곳이었어. 관중들은 마구 흥분했고, 검투사가 얻어맞는 모습을 보고 싶어서 안달이 났지. 승리한 검투사는 목숨을 건질 수 있었어. 관중들은 엄지손가락을 이용해서 패배한 검투사를 살려 둘지 죽게 할지 결정했어. 왜 그런 행동을 했는지는 아직도 분명하지는 않아.

로마의 콜로세움에서는 관중들의 바람을 거스르지 않는 것이 좋아. 폭동이 일어날 수도 있었거든. 그래도 최종 결정은 황제의 몫이었지. 사람들은 인간과 맹수와의 결투를 즐기기도 했어. 심지어 가난한 사람들은 사자에게 먹이처럼 내던져지기도 했지.

승리한 검투사들은 화관을 받았고, 뛰어난 검투사들은 영웅 대접을 받기도 했지. 오늘날 스포츠 스타들처럼 말이야.

이건 몰랐지?

가장 유명한 검투사는 바로 스파르타쿠스(Spartacus)라는 노예야. 로마제국에 저항하는 반란을 일으켰지. 많은 노예들이 그의 군대가 되었어. 스파르타쿠스의 이 이야기는 영화로도 만들어졌어.

9 하드리아누스의 성벽

하드리아누스(Hadrianus) 황제는 서기 122년에 잉글랜드 북쪽 지방에 성벽을 쌓기 시작했어. 북쪽 지방의 난폭한 야만인들로부터 로마 사람들을 분리하려고 했던 것 같아. 이 사람들이 픽트(Picts)족인데, 지금의 스코틀랜드 동부와 북부 지역에 살던 사람들이야. 로마제국도 픽트족을 정복하지는 못했던 거지. 벽을 쌓아서 시끄럽고 성가신 이웃이 들어오지 못하게 하는 것하고 비슷했어.

하드리아누스의 성벽은 길이가 117킬로미터가 넘는다고 해. 작은 수비대들과 수천의 병력이 성벽을 따라서 주둔해 있었어. 이 군인들은 로마제국에서 넘어왔는데 스페인, 벨기에, 북아프리카 등 출신 배경이 다양했지. 칸막이 없는 공용 화장실을 사용했는데, 긴 의자에 구멍을 내어 사용한 거지. 볼일 보면서 친

구들하고 얘기할 수도 있었겠지? 재미있었을 것 같지? 하지만, 휴지가 없었다는 것을 알면 생각이 달라질걸? 군인들은 각자 일 처리를 하기 위해 스펀지를 붙인 막대기를 공유했대!

이건 몰랐지?

서기 410년 즈음, 로마제국은 힘겹게 나라를 유지하고 있었어. 결국에는 영국에서 철수하고 본국으로 돌아갔지. 하드리아누스 성벽의 상당 부분은 지금까지도 건재해. 나무판으로 만든 변기가 2014년에 발견되기도 했어.

포악한 침략자들

중세 시대

10 바이킹

바이킹의 헬멧에 실제로는 뿔이 없었다는 것은 실망스럽지만, 바이킹의 난폭한 이야기는 정말로 사실이야.

바이킹은 스칸디나비아(Scandinavia) 출신이야. 노르웨이, 덴마크, 스웨덴이 있는 곳이지. 바이킹은 긴 배를 타고 영국이나 프랑스 같은 나라로 쳐들어갔어. 수도원들을 공격하고, 약탈하고, 불태워 버렸어. 바이킹들은 칼과 도끼를 무기로 사용했고, '버서커(berserkers)'라고 불리는 무시무시한 전사들이 있었지. 그 이름은 '미쳐 날뛰는 사람'이라는 뜻이라고 해. 버서커는 갑옷 같은 사소한 것은

신경 쓰지 않았어. 그저 곰이나 늑대의 가죽을 몸에 걸치고 다니면서 달을 보며 울부짖고 광분하며 날뛰었다고 해. 초인적인 힘과 속도로 주변에 있는 모든 것들을 무차별적으로 공격했지.

바이킹이 그저 무시무시한 싸움꾼에 파괴자인 것만은 아니었어. 아주 노련한 뱃사람이자 탐험가였어. 북아프리카와 북아메리카까지 아주 먼 항해를 했거든. 게다가 장사꾼이기도 했어. 터키의 콘스탄티노폴리스(콘스탄티노플)까지 가서 물건들과 노예들을 거래했다고 해.

바이킹들은 배를 아주 사랑했대.
중요한 사람이 죽으면 시체와
소장품을 배에 싣고, 배를 땅에
묻거나 불을 붙여서 바다로 떠내려
보냈어.

11 북유럽 신화

토르(Thor)와 로키(Loki)는 어벤저스에 나오는 멋진 캐릭터이기만 한 것은 아니야. 다음 이야기를 잘 읽어 봐.

북유럽 신화에서 오딘(Odin)은 신들의 지배자이자 마법과 시와 전쟁의 신이지. 오딘은 발이 여덟 개인 말을 타고 다녔어. 신화에서 이런 동물들은 괴상한 게 아니야. 오딘의 큰아들은 토르야. 천둥의 신이고 강력한 망치를 사용하지. 토르는 자기 망치를 정말로 사랑해서 묠니르(Mjolnir)라고 이름 붙였어. 이

름이 참 어렵지?

고대 북유럽 사람들은 번갯불은 토르가 망치를 휘둘러서 생기는 것이고, 천둥은 토르가 염소 전차를 타고 하늘 위를 달리는 것이라고 믿었대. 토르는 성미가 급하고, 신들의 적인 거인들을 묠니르로 내려치는 것을 아주 좋아했어.

로키는 변신하는 능력을 가진 신이었어. 물고기나 새, 늙은 여자 등으로 변신했지. 솔직히 말하면, 로키는 말썽쟁이였다고 해. 토르와 피는 섞이지 않았지만, 틈만 나면 말썽을 일으키는 아주 짜증 나는 동생이었나 봐. 너무 짜증이 나면 다른 신들이 로키를 바위에 묶어 놓았대. 그러면 커다란 뱀이 로키에게 독을 한 방울 한 방울 흘렸다네. 바이킹들은 로키가 뱀으로부터 도망치기 위해 몸부림치면 지진이 난다고 믿었어.

토르의 전차를 끄는 염소들은 토르의 간식이었대. 토르가 먹어 치워도 뼈만 온전히 남아있으면, 다시 살아났다고 해.

12 노르만 정복

1066년은 영국 학생들이 꼭 기억해야 하는 사건이 있었던 해야. 바로 헤이스팅스 전투(Battle of Hastings)가 발발했거든.

앵글로색슨(Anglo-Saxon)의 에드워드 왕이 세상을 떠나자, 피할 수 없는 삼각 전투가 영국을 뒤덮었어. 그 당시 앵글로색슨의 영국은 해롤드(Harold) 2세가 이끌고 있었어. 바이킹 진영에는 하랄드 하드라다(Harald Hardrada) 왕이 있었는데, 해롤드 2세 동생의 도움을 받았어. 마지막으로 노르만 진영은 프랑스 북부 지방 노르망디(Normandy)의 공작인 윌리엄이 이끌고 있었어.

처음엔 바이킹이 북쪽에서 상륙했고, 해롤드는 요크셔를 향해 북쪽으로 갔어. 피비린내 나는 전투에서 바이킹 왕과 자신의 동생을 죽였지. 해롤드는 아마도 이제는 편히 쉴 수 있을 거라고 생각했을 거야. 그런데, 남쪽에서 무슨 일이 생겼을까? 프랑스로부터 노르만군이 쳐들어온 거야!

바이킹과의 전투로 지쳐 있던 해롤드 왕은 노르망디의 윌리엄을 물리치기 위해 남쪽으로 행군했지. 하지만, 그 당시 해롤드의 군대는 노르만군의 상대가 되지 못했어. 윌리엄의 군대는 수많은 궁수와 기마병을 보유하고 있었지만, 해롤드의 군대는 대부분이 보병들이었어. 노르만군은 도망가는 척했고, 해롤드의 군대는 노르만군을 추격했지. 해롤드는 무언가 잘못되었다는 것을 곧 알게 되었어. 노르만군을 쫓는 중에 궁수가 쏜 화살이 해롤드 왕의 눈을 관통했고, 왕은 결국 죽고 말았지. 아…, 어쩌니….

이건 몰랐지?

정복자 윌리엄은 전투만큼이나 파티를 좋아했대. 결국에는 살이 너무 쪄서 말에 오를 수도 없었다는군. 어떻게 살을 빼려고 했는지 알아? 음식을 먹지 않고 술만 마시기로 한 거야. 성공했을까? 당연히 실패했지.

13 반짝반짝 빛나는 투구를 쓴 기사들

기사들은 중세 시대에 가장 멋진 전사들이었어. 철 갑옷과 화려한 그림이 새겨진 멋진 외투를 입고, 검과 창으로 무장한 모습은 기사의 모습에 제격이었지. 기사들이 반드시 따라야 하는 규칙이 바로 기사도 정신이야. 교회를 지키고, 명예롭고 용기 있게 행동해야 하는 거지. 그런데, 기사들은 기사도의 규범을 선택적으로 적용하고는 했다는군. 예를 들면, 소작농들에게는 적용하지 않기도 한 거지.

기사들은 어릴 때부터 훈련을 시작했는데, 보통 12~13세에 시작했어. 학교 다니기가 쉽지는 않았겠어. 정식으로 기사가 되기 전에는 기사의 보조를 해야 했거든. 기사의 장비들을 운반해야 했고, 심지어는 전투에 동행하기도 했지. 21세가 되어서야 정식으로 기사가 될 수 있었다고 해.

이건 몰랐지?

전쟁터에서는 각각의 기사들을 어떻게 알아볼 수 있었을까? 그들의 옷에 새겨진 특별한 그림과 투구에 꽂은 깃털로 식별할 수 있었다는군. 요즘 우리가 유니폼과 번호로 운동선수들을 식별하는 것과 비슷하지?

14 십자군 전쟁

중세 시대에 이슬람 세계는 스페인에서 인도까지 넓게 퍼져 있었어. 이슬람 통치자들은 예루살렘의 기독교인들을 갈수록 더 박해했어. 이는 교황 우르바누스(우르반) 2세를 화나게 했지. 1095년 유럽의 기사들에게 기독교의 이름으로 예루살렘을 정벌하라고 명령했어. 이것이 바로 1차 십자군 전쟁이지.

세상 구경, 전쟁에 참여하는 영광, 심지어 과거의 죄에 대한 속죄 등의 이유로 기사들이 십자군 전쟁에 참가했어. 하지만, 전쟁은 거룩한 행위와는 거리가 멀지. 기사들은 약탈과 살생을 멈출 수 없었어. 마침내 성지 예루살렘에 다다랐을 때, 기사들은 무슬림과 유대인들 많이 죽였어.

그 후로 200년 이상, 십자군은 계속 파견됐고, 종교의 이름으로 많은 혼란을 유발하게 되지. 이후의 십자군 전쟁은 성공적이지는 못했어. 하지만 십자군 전쟁을 통해 유럽 사람들은 많은 선진 지식을 접하게 됐고, 이슬람 세계의 삶의 방식에 대해 배우게 되었지. 예를 들면, 새로운 숫자 체계는 로마 숫자를 압도했지. 발달된 의학 지식과 향신료, 비단, 설탕을 유럽으로 가져올 수 있었어.

십자군의 유명한 붉은 십자가가 있는 흰색 유니폼은 템플기사단(Knights Templar)에 의해 만들어졌다고 해. 수염을 풍성하게 길렀고, 전투에서 죽으면 천국에 특별한 자리를 보장받는다고 믿었다는군.

15 흑사병

역사상 가장 참혹한 침략은 인간에 의한 게 아니고, 질병이었어. 흑사병이라고 불리는 끔찍한 전염병이 1346년에서 1353년까지 세계를 휩쓸었지. 유럽 인구의 3분의 1가량을 쓸어버렸고, 수백만 사람들의 목숨을 앗아갔어. 세계 인구가 전염병 이전의 인구를 회복하기까지 수백 년이 걸렸지. 흑사병은 중국에서 시작된 것으로 보이는데, 쥐에 기생하는 벼룩에 의해 전염된 것 같아. 쥐들은 교역품과 함께 무역 경로를 통해 이동했던 거야. 사람들은 하수구도 없고, 배설물을 치우지도 못하는 비위생적인 곳에서 생활했어. 그런 곳들은 쥐들이 서식하기 딱 좋은 환경이었고, 전염병은 이 동네에서 저 동네로 퍼져 나갔어.

흑사병에 걸리면 고름이 가득 찬 종기가 피부에 부풀어 올랐어. 그다음에 열이 심하게 나고 피를 토하다가 며칠 후면 죽게 되는 거지. 누구도 이런 병에 걸리고 싶어 하지는 않을 거야.

의료 기술은 크게 도움이 되지 못했어. 그 당시 의사들은 병의 원인조차 알지 못했거든. 어떤 설명도 할 수 없으니, 병에 걸린 사람들은 신의 심판을 받은 거라고 할 뿐이었지. 심지어, 한센 병자들이나 걸인들 때문에 병이 생겼다고 생각하는 사람도 있었어. 그러니 치료법은 그런 불쌍한 사람들을 공격하는 거였지. 환자가 자신에게 채찍질을 하거나, 살아 있는 닭을 자신의 몸에 묶기도 했고, 자기 오줌을 마시는 치료법도 있었다고 해. 아이고….

이건 몰랐지?

몽골군이 1347년 이탈리아의 카파(Kaffa)시를 포위했을 때, 몽골군에 흑사병에 감염된 병사들이 발생했어. 병사들이 죽자, 몽골군은 시체를 도시에 내던졌다는군. 적들이 감염되라고 말이야. 이게 바로 전쟁의 추악함이지.

16 중세 시대 의학

중세 시대에 병에 걸린다는 건 말 그대로 고통스러운 일이었어. 병에 걸리는 것은 사악한 침입자에 감염된 것으로 여겨졌고, 의사들도 같은 방식으로 치료를 했다고 해.

사람들은 여전히 고대 그리스에서 내려오는 이야기를 믿었어. 몸에는 피, 검은 담즙, 가래, 노란 담즙이라고 하는 네 개의 '체액'이 존재한다는 거지. 치료를 하는 것은 이런 체액들이 균형을 이루게 하는 것이었어. 의사들은 환자의 살을 째고 피를 뺐어. 거머리가 환자의 피를 빨아먹게 하기도 했어. 환자가 토하게 만들기도 했고 머리에 구멍을 내기도 했지. 이건 치료라기보다는 고문에 가까웠지만, 그 당시에는 정말 흔한 치료법이었어.

그렇지만 중세 시대 의사들을 심하게 비난할 수도 없어. 그런 방법들은 18세기까지 사용되었고, 거머리는 요즘에도 활용되기도 해. 피를 흘리게 해서 화상 환자들의 피부 이식을 잘 할 수 있게 도와주거든. 손가락 같은 신체의 일부를 다시 붙일 때 쓰이는 방법이야. 나쁘기만 했던 것은 아닌 거지. 수많은 질병들과 싸우면서, 외과적인 수술 기법을 연습하고 발달시킬 수 있는 기회도 많았어. 약초와 알코올을 마취제로 사용하는 것이 도움이 된다는 것을 알아내기도 했지. 비위생적인 환경이 감염의 원인이라는 것을 알아내지는 못한 것은 안타깝지만 말이야.

이건 몰랐지?

이발사들은 외과 의사와 치과 의사로 활약하기도 했어. 이발소 간판 기둥에 빨간색과 하얀색 띠가 그려져 있는 걸 본 적 있지? 빨간색은 피를 나타내고, 하얀색은 이발사들이 사용한 하얀 천을 나타내는 거지. 하지만 이제는 이발사 아저씨한테 수술해 달라고 하면 안 돼. 지금은 병원에서 하는 일이니까.

강력한 왕조들

중국, 몽골, 러시아의 제국들

17 중국 송나라

11세기와 12세기는 중국 역사에서 대단한 시기였어. 중국 송나라는 세계에서 가장 발달한 문명국 중 하나였거든. 송나라의 해군은 한국, 일본, 인도, 스리랑카로 항해했어. 나침반을 이용해서 항해했고, 지폐도 사용했어. 게다가, 이동식 활자를 활용하여 책을 인쇄하고 사람들을 교육시켰지.

송나라는 화약을 발명했는데, 그냥 불꽃놀이를 위한 것은 아니었겠지? 화약과 쇳조각으로 폭탄을 만들어 투석기에 장착했지. 로켓처럼 보이는 무기도 만

들고, 화염 방사기도 만들었는데 '화창'이라고 불렀어. 그리고 지뢰도 만들었어. 이런 무기들을 이용해서 수백 년 동안 적으로부터 나라를 지킬 수 있었던 거야.

이런 멋진 발명품들이 있었으니, 누군가는 이런 것들을 훔치고 싶었겠지? 송나라는 금나라를 물리치기 위해 몽골과 연합했어. 하지만, 한참 잘못 생각한 거지. 몽골은 송나라도 정복하기로 했고, 송나라의 무기들을 이용해서 결국 송나라를 굴복시켰어.

이건 몰랐지?

송나라에는 어린 여자아이들의 발을 꽉 매어 조이는 풍습이 있었어. 발이 커지지 않게 하는 거였지. 작은 발이 아름다움의 상징이었거든. 가여운 소녀들은 작은 발을 가질 수 있었겠지만, 큰 고통을 견뎌야 했지.

18 칭기즈 칸

칭기즈 칸(Genghis Khan)은 1206년에 권좌에 올랐어. 그리고 몽골 제국을 세웠지. 몽골 제국은 중국과 아시아 대륙에 걸친 역사상 가장 넓은 영토를 개척했어. 칭기즈 칸은 잔인한 면도 있었다고 해. 칭기즈 칸은 서아시아의 호라즘과 무역로를 개통하려고 했어. 그런데, 호라즘은 별로 관심이 없었나 봐. 칭기즈 칸이 보낸 사절단을 되돌려 보냈어. 단, 머리는 다 베어버린 채로 말이야. 호라즘은 칭기즈 칸과 몽골의 뛰어난 기병에 맞서면 무슨 일이 벌어지는지 곧 깨닫게 되었지.

몽골군은 호라즘의 도시에 쳐들어가서 무차별적인 살육을 했어. 그 도시 안에서 살아남은 사람은 하나도 없었다고 해. 심지어 개와 고양이들까지 모두 죽였어. 사람들의 머리로 쌓아 올린 피라미드를 봤다면 이집트 사람들이 깜짝 놀랐을지도 몰라. 몽골 제국은 화약과 투석기 같은 중국식 무기도 보유하고 있었

어. 이런 무기들을 사용해서 호라즘을 쓸어버린 거야. 몽골 제국을 화나게 만들면 이렇게 되는 거지.

하지만, 칭기즈 칸은 종교에 대해서는 꽤 관대한 태도를 보였어. 몽골 제국은 기독교, 불교, 이슬람교와 그 외 다른 종교들을 허용했어. 그 당시에 벌어지고 있던 십자군 전쟁에 비하면 아주 멋진 것 같아.

19 마르코 폴로

마르코 폴로(Marco Polo)는 베네치아 출신의 탐험가이자 상인이야. 1271년에 아버지, 삼촌과 함께 여행을 시작했고, 무려 24년간 고향으로 돌아가지 않았대! 마르코는 중국을 방문한 최초의 서양인들 중 한 사람이었어. 마르코가 중국을 여행했을 당시는 원 왕조 시대였어. 칭기즈 칸의 손자인 쿠빌라이 칸(Kublai Khan)이 통치하고 있었지.

쿠빌라이 칸은 마르코를 궁에 초대하기도 했는데, 마르코에게 호감이 있었나 봐. 마르코는 쿠빌라이 칸을 위해 17년 동안 일하면서, 코끼리와 악어같이 한 번도 본 적이 없는 동물들을 만나기도 하면서 중국의 방방곡곡을 여행했어.

큰 부자가 되어서 고향으로 돌아갈 수 있었지. 하지만, 그 당시에 베네치아는 제노바와 전쟁을 하고 있었어. 마르코도 전투에 참여했는데, 제노바 사람들한테 잡혀서 감옥 생활을 해야 했어. 마르코는 함께 감옥에 잡혀 있던 작가에게 자신의 경험담을 들려주었어. 그 작가는 마르코의 이야기를 약간 과장해서 기록한 것 같아. 이 책이 바로 마르코 폴로의 《동방견문록》이야. 아주 대박이 났

지만, 모든 사람들이 좋아한 것 같지는 않아. 모두 지어낸 이야기라고 생각하는 사람들도 있었거든. 심지어 지금까지도 말이야.

이건 몰랐지?

마르코는 여행을 하는 동안 유니콘을 본 것 같다고 했는데, 사실은 코뿔소였던 거지. 참나!

20 사무라이

사무라이는 부자 영주를 위해 싸우는 일본의 전통 무사였어. 하지만, 12세기 말경에 최초의 쇼군이 등장하면서 영향력이 더 커지게 되었어. 쇼군은 왕과

는 대조적으로 실질적인 권력을 갖고 있던 군 통치자였어. 그 당시 왕은 유명무실한 존재였지.

사무라이는 카타나라고 알려진 일본의 검으로 유명하지만, 칼 말고도 다른 무기들도 사용했다고 해. 아주 큰 활과 창을 사용했어. 화약을 사용할 수 있게 되었을 때는 정말 기뻤겠지?

쿠빌라이 칸의 몽골 군대는 일본을 정벌하려고 했어. 1274년과 1281년에 두 차례 일본을 향해 항해를 했지. 군사의 수는 사무라이들보다 많았지만, 폭풍우와 태풍 때문에 철수해야 했어. 사무라이들은 가미카제라고 불리는 바람의 신이 적들을 쫓아버렸다고 믿었지.

사무라이들은 엄격한 규칙을 지켜야 했대. 치욕적인 일을 당하는 것을 견딜 수 없었나 봐. 명예를 회복할 수 있는 길은 칼로 스스로를 찌르는 거였어. 그러니까, 두 번의 기회는 없었던 거지.

이건 몰랐지?

라이진은 일본 신화에 나오는 천둥과 번개의 신이야. 옛날 사람들은 이 신이 북을 마구 쳐서 천둥을 만든다고 생각했어. 거기다 라이진이 아이들의 배꼽을 먹는다고 믿었나 봐. 요즘에도 천둥 번개가 치면, 아이들의 배꼽을 가리라고 말하는 부모들이 있다고 하는군.

21 만리장성과 자금성

중국의 만리장성은 길이가 8850킬로미터 정도라고 하는데, 사람이 만든 건축물 중에서는 가장 크다고 할 수 있겠네. 기원전 220년경에 진나라 때부터 짓기 시작했고, 오늘날 우리가 보는 만리장성의 대부분은 명나라 때에 만들어진 거라고 해. 몽골로부터 중국 본토를 지키기 위해 만들어졌지. 몽골인들은 1368년에 중국에서 쫓겨났어.

이 무렵, 중국은 교역을 위해 중동과 아프리카로 항해했어. 많은 교역품들 중에는 명나라의 꽃병도 있었는데, 지금도 아주 귀중한 물건이지. 자금성도 명나라 시대에 만들어졌는데, 황제가 거주했던 곳이고 세계에서 가장 큰 궁궐이라고 해.

평민들은 초청장 없이는 자금성에 접근할 수 없었어. 죽음의 처벌을 받을 수도 있었거든. 오직 황제만이 자금성 안에서 환영받았지. 수많은 후궁들이 황제와 함께 살았어.

자금성에 가장 먼저 살았던 사람은 영락제야. 그는 아주 잔혹한 사람이야. 조카의 왕위를 빼앗고, 많은 사람들을 죽였어. 영락제가 1424년에 세상을 떠나자, 몇몇 후궁들은 강제로 죽어야만 했다는군. 죽어서도 진정한 폭군이라고 할 수 있겠어.

이건 몰랐지?

사람들이 말하는 것과는 달리 만리장성이
우주에서 맨눈으로 보이는 건 아니래.
중국의 우주 조종사인 양리웨이가 2004년에
직접 확인한 후에야 우리가 잘못 알고 있던 사실을
바로 잡았다는군. 양리웨이는 우주탐험을 한 최초의 중국인이야.

22 강력한 군주 이반 4세

이반 바실리예비치(Ivan Vasilyevich)는 아주 강력한 군주였어. 1547년에 러시아 최초의 차르(Tsar: 러시아의 황제)가 되었어. 이반 4세는 유럽과 잘 지냈고 인쇄술을 도입했던 유능한 왕이었지. 오, 그런데, 그는 폭군으로 알려져 있기도 해.

이반 4세의 삶이 처음부터 좋았던 것은 아니었나 봐. 아버지가 죽고 나서 러시아의 대공(Grand Prince)이 되었지. 그 당시 그는 겨우 세 살이었어. 결국 그의 어머니가 대신 왕위를 지켜야 했다고 해. 이반이 성인이 될 때까지 기다리면서 말이야. 하지만, 불행히도 그의 어머니마저도 이반이 겨우 여덟 살이 되었을 때 독살을 당했다는군.

이반의 기질은 잔인하기도 했어. 열세 살에 경쟁자를 살해했는데, 자신을 함정에 빠뜨리고 반역할 것 같아서였대. 그리고 편집증적인 느낌만으로 노브고로드라는 도시를 파괴해 버렸어. 그의 후계자인 큰아들과 언쟁 중에 아들을 지팡이로 내리쳤는데, 아들이 죽고 말았어.

이반은 살면서 일곱 명의 부인과 결혼했는데, 영국의 헨리 8세보다도 더했군. 헨리 8세의 부인은 겨우 여섯 명이었거든. 이렇게 난폭한 사나이가 아주 조용한 전투를 하다가 죽었다는 것은 참 놀랍기도 해. 체스를 두다가 죽었거든!

이건 몰랐지?

이반은 영국의 엘리자베스 1세에게 청혼했다가 거절당했다고 해. 잔뜩 화가 난 이반은 아주 무례한 편지를 보냈다고 하는군. 자신이 얼마나 실망했는지 말하고 싶었나 봐.

황금의 도시

아즈텍, 잉카 그리고 신대륙

23 아즈텍 왕국

아즈텍 왕국은 14세기에서 16세기까지 멕시코 지역을 지배했어. 아즈텍 문명의 중심은 테노치티틀란(Tenochtitlan)이라는 도시인데. 지금의 멕시코시티가 있는 곳이지. 전설에 따르면, 테노치티틀란은 우이칠로포치틀리(Huitzilopochtli)라는 아즈텍 신이 선택한 땅에 세워졌다고 해. 우이칠로포치틀리는 전쟁과 태

양, 그리고 인간 희생의 신이야.

아즈텍 사람들은 사람을 제물로 바쳤다고 해. 자기 부족 사람보다는 이웃 부족 사람을 희생시키는 것을 더 좋아했다고 하는군. 어쩔 수 없을 때는 자기 부족에서 희생할 사람을 찾기도 했지만 말이야. 신전의 사제는 불쌍한 희생자가 살아있을 때 심장을 떼어 냈다고 해. 참 잔인했구나!

아즈텍 사람들도 이런 짓을 재미로 한 것은 아니야. 사람을 제물로 바치는 것이 이 세계를 창조한 신에게 진 빚을 갚는 거라고 믿었다는군. 이런 희생을 하지 않으면, 모든 빛의 근원인 태양이 사라진다고 믿었대.

아즈텍 사람들은 이웃 부족들과 끊임없이 전쟁하면서 엄청난 제국을 건설했어. 독수리와 재규어 전사들은 가장 무시무시했지. 독수리의 깃털과 재규어의 가죽으로 만든 전투복을 입었다고 해. 이 전사들은 적을 죽이는 것이 아니라 생포하는 것이 임무였다는군. 사로잡은 사람들을 어떻게 했을지는 말하지 않아도 알겠지?

이건 몰랐지?

테노치티틀란은 호수에 떠 있는 섬 위에 건설되었어. 운하와 물 위에 떠다니는 농장을 갖춘 아주 번영한 도시였다는군.

24 잉카: 구름 위에 사는 사람들

잉카 사람들은 페루에 있는 안데스산맥 주변에서 살았어. 파차쿠티(Pachacuti)는 남아메리카의 알렉산드로스 대왕과 같은 존재야. 많은 정복 활동을 했어. 그는 1438년부터 1471년 기간 동안 사파 잉카(군주)였고, 사람들은 그를 태양의 아들로 믿었어. 태양을 숭배하는 사람들에게는 아주 중요하지. 잉카 사람들은 산의 신들을 즐겁게 해야 한다고 믿었어. 그래서 인간을 제물로 바쳤다고 해.

파차쿠티는 조그만 나라를 거대한 잉카 제국으로 탈바꿈시킨 사람이야. 남아메리카의 서부 지역을 영토로 만들었고, 1000만 명이나 되는 사람들이 살았다고 해. 파차쿠티는 마추픽추(Mach Picchu)라고 하는 하늘도시를 건설했어. 마추픽추는 밧줄로 만든 다리로 연결되어 있었어. 마치 영화에서 나오는 것처럼 말이야. 지금까지 사용되는 것들도 있다고 해.

잉카 제국은 다른 부족을 정복하면, 부족장의 아이들을 데리고 왔대. 그 당시 수도였던 쿠스코(Cusco)에 있는 기숙사 학교에 보냈지. 아이들은 잉카 제국의 착한 시민이 되는 교육을 받았다고 해. 반란을 일으킬 생각은 아예 할 수 없게 만드는 거였지.

이건 몰랐지?

잉카의 귀족들은 구멍을 낸 원반을 귀에 달고 다녔어. 귓불을 늘어나게 할 만큼 크기가 컸다는군. 스페인 사람들이 잉카 귀족들에게 오레조네라고 별명을 붙였지. '큰 귀'라는 뜻이래!

25 태양을 숭배하는 사람들

잉카 사람들과 아즈텍 사람들은 금을 아주 좋아했어. 오늘날과 마찬가지로 부와 권력의 상징이었거든. 지금도 마찬가지지? 금은 태양의 땀이고 은은 달의 눈물이라고 믿었지. 잉카 사람들은 시체를 매장할 때 금과 은을 함께 묻었어.

그리고, 둘 다 태양을 숭배했지. 아즈텍 사람들은 이번 세상은 다섯 번째 태양의 세상이라고 믿었어. 그러니까, 네 개의 세상이 만들어지고 소멸됐다는 거

지. 이번 세상도 언젠가는 그렇게 될 거라고 믿었다는군. 아즈텍의 태양신인 우이칠로포치틀리는 전쟁의 신이기도 해. 이건 앞에서도 말했지?

잉카와 아즈텍은 아주 발달된 농업 기술을 가지고 있었어. 시장에는 음식과 동물의 가죽, 금, 새의 깃털 같은 것들이 활발하게 거래되었어. 그 당시에 먹던 음식들 중에는 지금 우리들이 먹고 있는 것들도 많아. 퀴노아 같은 곡물은 지금도 인기가 많잖아. 잉카와 아즈텍 사람들은 이미 수백 년 전에 퀴노아를 먹었다고 해. 감자, 토마토, 아보카도, 콩, 고추 같은 농작물도 재배했어. 이런 것들은 별로 안 좋아한다고? 잠깐 기다려봐. 초콜릿도 있으니까.

이건 몰랐지?

아즈텍 사람들은 동그란 링에 공을 넣는 놀이를 했대. 농구랑 비슷했을 것 같지 않아? 손이나 발은 쓰지 않고, 엉덩이, 팔꿈치, 무릎만 써야 했대. 패배의 댓가는 가혹했어. 지는 팀은 제물이 되어야 했거든.

26 멍청한 크리스

크리스토퍼 콜럼버스(Christopher Columbus)는 15세기와 16세기에 살았던 이탈리아의 뱃사람이자 탐험가야. 아메리카 대륙을 발견한 사람이라고 언급되기도 하지.

1492년에 콜럼버스는 스페인의 지원으로 항해를 떠날 수 있었어. 극동으로 가는 새로운 길을 찾기 위해 서쪽으로 향했지. "이야~ 저기 육지가 보인다"라고 외치는 소리를 듣자, 콜럼버스는 새롭게 식민지로 만들 아시아의 땅을 찾은 줄 알고 아주 흥분했어. 그런데, 콜럼버스는 참 멍청했어. 그곳은 사실 카리브 해안이었거든. 아뿔싸!

콜럼버스는 신대륙이라고 알려진 곳으로 세 번의 항해를 더 했어. 신대륙은 아메리카라고 불리게 되지. 콜럼버스는 중앙아메리카와 남아메리카를 탐험하면서도 여전히 아시아라고 믿었고, 금과 담배를 가지고 돌아갔지.

그의 업적 덕택에 스페인에서는 아주 영웅 취급을 받았어. 그런데, 신대륙에서는 어땠을까? 식민지 총독으로서 콜럼버스는 많은 원주민들을 죽이고 노예로 만들었어. 콜럼버스의 만행이 마침내 스페인 국왕과 여왕에게 보고되었고, 그는 귀국하자마자 체포되었어.

이건 몰랐지?

콜럼버스가 신대륙을 발견했지만, 아메리카 대륙은 이탈리아 항해사이자 지도 제작자인 아메리고 베스푸치(Amerigo Vespucci)의 이름을 따서 붙여진 거야. 아메리카를 아시아와는 다른 대륙이라고 가장 처음 말한 사람이었거든.

27 코르테스의 황금

에르난도 코르테스(Hernando Cortés)는 스페인의 정복자인데, 멕시코 탐험대의 대장이었어. 코르테스는 아즈텍의 문화적 가치보다 금에 더 관심이 많았지. 임무가 취소되었을 때에도 명령을 무시하고 탐사를 계속했어.

멕시코에 도착하자, 아즈텍의 수도를 향해 갔지. 가는 길에 아즈텍 제국의 이웃 부족들과 많이 친해졌어. 아마도 아즈텍과 전쟁을 하면서 원한이 많은 사람들이었을 거야. 아즈텍이 그들에게 인간 희생을 강요했기 때문이겠지.

아즈텍의 왕이었던 몬테수마(Montezuma) 2세는 코르테스가 '하얀 신(케찰코아틀)'일지도 모른다고 생각했어. 그래서 금과 다른 선물로 코르테스의 원정대를 환대했지. 코르테스는 스페인으로 돌아가면서 몬테수마를 인질로 잡아갔어. 이게 환대에 대한 보답이었다니! 지역 부족들의 도움을 받아서 코르테스는 아즈텍 제국을 정복할 수 있었어. 아마도 코르테스의 승리는 천연두 같은 전염병 때

문에 가능했을지도 몰라. 아즈텍 사람들에게는 분명 공포의 침략자였을 거야. 아즈텍 사람들은 새로운 질병에 대한 면역력이 전혀 없었거든. 많은 사람들이 병으로 죽고 군대는 한없이 약해질 수밖에! 천연두와 스페인과의 전쟁에서 살아남은 아즈텍 사람들은 기독교로 개종해야 했고, 많은 사람들이 노예가 되고 말았지.

이건 몰랐지?

코르테스는 다른 건 몰라도 동기부여를 아주 잘하는 사람이었나 봐. 부하들이 강력한 아즈텍 군대와 벌인 전투에서 도망치지 못하도록 배를 가라앉혔다는군!

28 잉카의 최후

기독교를 '이교도들'에게 전파한다는 이유로, 그리고 최대한 많은 땅과 금을 빼앗기 위해 스페인 제국은 멕시코에서 남아메리카로 세력을 확장해 나갔어. 당

연히 잉카 사람들과 싸움이 생길 수밖에 없었지.

이 시기에는 욕심 많은 정복자인 에르난도 피사로(Hernando Pizarro)가 앞장섰어. 1532년 피사로는 아타우알파(Atahualpa) 잉카 왕과 그의 사람들을 만나자마자 그들을 공격했어. 잉카 사람들은 총과 말을 보고 엄청나게 놀랐지. 총 같은 것들은 이전에 본 적도 없었으니 완전히 압도당했지. 아타우알파 왕은 사로잡혔고 스페인군은 엄청난 몸값을 요구했어.

선장! 금과 보물을 너무 많이 실었습니다!

이런! 신속히 배를 구하라! 식량을 바다로 내버리도록!

잉카 사람들은 몸값을 지불했지만, 스페인군은 왕을 풀어주지 않았어. 대신에 기독교로 개종할 것을 강요했지. 그러고 나서, 그들은 결국 아타우알파 왕을 죽이고 말았어. 왕을 잃은 데다가 엎친 데 덮친 격으로 천연두의 공격까지 받아서 잉카 제국은 쉽게 무너졌지. 스페인군은 황금으로 만들어진 잉카의 아름다운 보물들을 보고 현기증이 날 정도였어. 그런 보물들을 배에 싣고 스페인으로 돌아갔지.

이건 몰랐지?

파이티티(Paititi)는 아마존 정글 깊은 곳 어딘가 있다고 하는 잉카 신화의 황금 도시인데, 전설에 따르면 어마어마한 보물이 숨겨져 있다고 해. 몇몇 고고학자들과 탐험가들이 보물을 찾으러 떠났지만, 살아 돌아오지는 못했다는군.

잉카의 보물들과 여기 아마존에서 평생 살 거야!

그런데, 이 다 어디 쓰지?

혼돈의 르네상스 (문예부흥) 시대

왕과 여왕, 문화, 과학 그리고 의심

29 스페인 종교 재판

이사벨라(Isabella) 여왕과 페르디난드(Ferdinand) 왕은 스페인을 통치했고 콜럼버스의 탐험을 지원할 정도로 앞서가는 사람들이었어. 하지만, 그들은 스페인 종교 재판에 대한 책임이 있지. 스페인 사람들도 이런 종교 재판에 대해 좋게 생각하지 않아.

이사벨라와 페르디난드는 스페인을 통일된 가톨릭 국가로 만들고 싶었어. 그래서 무슬림과 유대인들에게 개종하도록 강요했지. 종교 재판소는 1478년에 세워졌고, 가톨릭으로 개종한 사람들이 참된 가톨릭 신자가 되었는지 시험하고자 했어. 시험을 보는 것은 지금도 고역이지만, 종교 재판소의 시험은 정말로 고

문을 했다고 보면 돼.

자백을 받기 위해, 조사관은 고문 도구를 사용했어. 잡혀 온 사람들의 손목과 발목을 쇠사슬로 돌림판에 묶고 돌리는 거야. 몸이 늘어나다가 결국 뼈가 부서질 수밖에 없지. 사람의 팔을 등뒤로 묶고 매다는 형틀을 사용하기도 했어. 아주 고통스러웠을 거야.

나비나사처럼 좀 더 간단한 고문기구들도 있었어. 손가락을 천천히 부숴버리는 도구지. 불에 달군 펜치도 사용되었어. 이런 고문들을 견디어 냈더라도 유죄 판결을 받으면 산 채로 불에 타는 형벌을 받았어.

이건 몰랐지?

종교 재판과 관련된 비판도 있지만, 이사벨라 여왕은 예술가의 후원자였고 35세에 라틴어를 배우기도 했지. 게다가 그녀는 미국 동전에 등장하는 최초의 여성이 되는데, 1893년의 일이야.

30 다빈치와 모나리자

〈모나리자〉가 세계적으로 유명한 그림이라는 것은 두말할 필요가 없지. 그림 속의 그녀가 웃고 있는지는 아직까지도 말이 많기는 해. 이탈리아의 화가 레오나르도 다빈치(Leonardo da Vinci)는 위대한 그리스 천재들에 버금갈 정도로 똑똑한 사람이었어. 레오나르도는 실제로 위대한 그리스 철학자들의 팬이었고, 지식에 대한 그들의 과학적 접근법을 사랑했지. 레오나르도가 활동하던 시기를 르네상스(Renaissance) 시대라고 해. 르네상스는 부활이라는 뜻이고, 14세기에서 17세기까지 지속되었어.

르네상스 시대에 과학과 문화가 엄청나게 진보했어. 레오나르도는 1452년부터 1519년까지 살았고, 못하는 게 없는 만능이었지. 미술, 예술, 발명까지 말이야. '르네상스 맨'은 다양한 분야에 뛰어난 재능을 발휘했던 천재들을 일컫는 말이지. 레오나르도처럼 말이야!

레오나르도는 헬리콥터와 낙하산을 연상시키는 설계도를 만들기도 했어. 헬리콥터와 낙하산이 실제로 만들어지기 훨씬 전에 말이지. 그가 그린 〈비트루비우스 인간〉과 〈최후의 만찬〉은 〈모나리자〉만큼이나 유명하지.

미켈란젤로(Michelangelo)는 또 다른 르네상스 맨이야. 〈다비드상〉과 시스티나 성당의 천장에 그린 그림으로 유명하지. 시스티나 성당의 천장화는 4년이나 걸려서 완성했다는군. 영화 〈닌자 거북이〉 주인공들의 이름은 조각가 도나텔로(Donatello)와 화가이자 건축가 라파엘로(Raffaello)을 따라 붙인 거야!

이건 몰랐지?

파리 루브르 박물관에서 전시되어 있던 모나리자는 이상한 사람들이 뿌린 산성 물질, 물감, 돌이나 찻잔에 얻어맞아 훼손되기도 했었어. 1911년에는 도난을 당하기도 했는데, 2년 동안 훔친 사람의 아파트에 보관되어 있었어. 지금은 일 년에 600만 명이 넘는 사람들이 그림을 보러 오고 사진도 찍어. 지금은 방탄유리로 〈모나리자〉를 보호하고 있어!

31 지독한 헨리8세

헨리 8세(Henry VIII)는 16세기에 살던 영국의 잘생긴 왕자였어. 스포츠와 공부하는 걸 좋아했지. 헨리 8세는 르네상스의 왕으로 기억되기를 간절히 원했지만, 불룩한 뱃살과 사람들의 머리를 베어낸 것으로 유명하지.

헨리는 여자관계가 복잡했나 봐. 사생아가 여섯은 된다고 해. 결혼을 여섯 번이나 했고, 독창적인 방법으로 부인들과 헤어진 걸로 유명해. 첫 번째 부인인 아라곤의 캐서린(Catherine of Aragon)을 제거하기 위해 로마의 가톨릭교회와 갈등을 일으키기도 했어. 캐서린이 왕위를 승계할 왕자를 낳지 못했다는 게 이유였어. 로마 가톨릭교회는 이혼을 허락하지 않았지. 결국 헨리는 스스로 영국 국교회(Church of England)의 수장이 되었어. 그런 식으로 교황의 허락을 받을 필요 없이 캐서린과 이혼할 수 있었어. 아주 쉽게 말이지.

두 번째 부인이었던 앤 불린(Anne Boleyn)도 아들을 낳지 못했어. 그녀와는 '머리를 베어버리는 것'으로 결혼 관계를 영원히 마감했지. 하지만, 앤 불린은 나중에 여왕이 되는 엘리자베스를 낳았어. 엘리자베스에 대해서는 잠시 후에 자세히 얘기해 줄게. 헨리의 세 번째 왕비인 제인 시모어(Jane Seymour)는 아이를 낳다가 죽었어. 그 아이는 아홉 살에 왕위에 오르지만 스무 살에 죽고 말아. 네 번째 부인이었던 클레브의 앤(Anne of Cleves)과는 이혼했어. 다섯 번째 부인이었던 캐서린 하워드(Catherine Howard)도 머리를 잃게 되지. 마지막 부인이었던 캐서린 파(Catherine Parr)는 헨리보다 오래 살았다고 해. 얼마나 다행이니!

헨리는 1536년에 치명적인 사고로 다친 후에 많이 바뀌었다고 해. 멧돼지 머리, 비버, 백조로 만든 요리로 입을 가득 채워 넣고, 맥주를 많이 마셨대. 살이 너무 쪄서 움직일 수 없었고 신하들의 도움을 받아야 이동할 수 있었다는군!

이건 몰랐지?

헨리가 살이 얼마나 쪘는지는 갑옷을 보면 알 수 있지. 젊었을 때는 허리둘레가 34인치(86센티미터)였어. 사고를 당한 이후에는 52인치(133센티미터)까지 늘어났거든.

32 갈릴레오와 우주의 중심

갈릴레오는 멋진 이탈리아 르네상스 맨 중 한 명이야. 17세기에도 지속되는 과학 혁명에 기여했지. 갈릴레오는 스스로 망원경을 만들어서 뱃사람들에게 팔

았지만, 직접 밤하늘을 관찰하는 걸 더 좋아했어.

갈릴레오는 지구가 태양 주위를 돈다는 것을 확인했어. 코페르니쿠스(Copernicus)라는 똑똑한 사람이 100년 전에 주장했던 내용이었지. 그 당시 많은 사람들은 지구가 우주의 중심이고, 모든 것들이 지구 주위를 돌고 있다고 확신했지. 당시 교회에서 말하는 대로 말이지.

이런 이야기를 교황은 좋아하지 않았어. 갈릴레오는 가톨릭 신자였고, 이렇게 교회에 반항하는 주장을 하는 사람들은 불에 태워지거나 바퀴로 뼈를 부러뜨리는 것 같은 처벌을 받을 것이라는 것을 너무 잘 알고 있었지. 끝내 갈릴레오는 가벼운 처벌을 받았고, 평생 집에 갇혀 살아야 했어.

이건 몰랐지?

가톨릭교회가 1633년에 갈릴레오에게 처벌을 내리고 350년 넘게 지난 후에 교황 요한 바오로 2세(Pope John Paul II)는 1992년에 공식적으로 인정했어. 갈릴레오가 옳았으며 지구는 확실히 태양 주위를 돌고 있다는 것을 말이지. 늦더라도 안 하는 것보다는 낫겠지?

33 위트 넘치는 윌리엄 셰익스피어

수업 시간에 선생님이 《햄릿》 3막 1장을 소리 내어 읽어 보라고 하셨을 때만 해도 윌리엄 셰익스피어(William Shakespeare)에 대해 잘 몰랐을걸? 하지만 셰익스피어야말로 진정한 르네상스 맨이지. 지금까지도 가장 유명한 영국의 작가야. 여기엔 분명한 이유가 있어. 셰익스피어는 희곡 37편, 소네트(시) 154편을 남겼어. 3000개의 새로운 단어와 표현도 만들어 냈다고 해. 예를 들면, '부질없는 시도, 헛된 노력(wild goose chase)'과 '친절한 마음(heart of gold)' 같은 표현

들이 만들어진 건 윌리엄 덕택이지.

셰익스피어는《로미오와 줄리엣》,《맥베스》와 같은 유명한 희곡을 썼어. 이 희곡들은 아주 오랫동안 전 세계에서 다양한 언어와 해석으로 공연되고 있어. 무대에서 공연되는 연극을 볼 수 있으면 좋겠지만, 영화를 보는 것도 좋아. 셰익스피어가 살던 시대의 극장은 지금과는 아주 달랐어. 여자 역할도 남자가 공연을 했다는군. 관중들도 가만히 앉아서 박수만 치고 있지는 않았대. 서 있기도 하고 술도 마시고, 심지어는 배우들에게 야유를 보내기도 했었대.

셰익스피어의 자식들은 글을 몰랐다는 소문이 있어. 심지어 셰익스피어는 사기꾼이고 그의 작품들은 다른 누군가가 쓴 거라고 의심하는 사람들도 있지.

이건 몰랐지?

셰익스피어는 1616년에 죽었는데, 묘비에는 도굴꾼들을 겁주는 저주가 적혀 있어. '이 돌을 아끼는 이들에게는 축복을 주시고, 저의 뼈를 옮기는 자들에게는 저주를 내리소서.' 효과가 있기는 했어. 하지만, 요즘에도 사람들은 무덤을 파서 그에 대해 더 알아내고 싶어 한다는군.

34 엘리자베스 1세

영국의 엘리자베스 1세(Elizabeth I)는 1558년부터 45년간 영국을 통치했어. 르네상스 시대가 남자만의 시대가 아니었다는 증거이지. 헨리 8세와 앤 불린의 딸인 엘리자베스는 그의 아빠가 그토록 되고 싶었던 그런 통치자가 되었어. 엘리자베스는 영국의 황금시대를 이끌었어. 셰익스피어 같은 사람들이 활발히 활동했지.

물론 이런 것들이 쉽게 이루어진 것은 아니겠지? 언니인 메리 1세(Mary I)는 왕위에 오르자, 엘리자베스를 런던 탑(Tower of London)에 가두어 버렸어. 메리는 엘리자베스가 나중에 왕위를 위협할 거라고 생각했나 봐. 언니가 죽고 엘리자베스가 왕위에 오르자, 또 다른 메리(Mary)와 문제가 생기지. 바로 사촌이었던 스코틀랜드의 메리 여왕이야. 엘리자베스는 신교도였고, 가톨릭교도들은 메리를 왕위에 올리기 위해 계속 음모를 꾸미고 있었지. 그래서 엘리자베스는 메리를 감옥에 가두고 감시했어. 엘리자베스에게는 프랜시스 월싱엄(Francis Walsingham)이라는 일급 스파이가 있었어. 제임스 본드 같은 사람이었지. 프랜시스는 마침내 메리의 암살 음모를 밝혀냈어. 역시 그 아버지에 그 딸이라고, 메리의 목을 쳐버렸지!

엘리자베스는 결혼을 하지 않았고 끝까지 강력하고 독립적인 여성이었다는군. 혼자서 거의 50년을 훌륭하게 잘 다스렸어. 그 시기는 영국 역사에서 '황금시대'로 알려져 있어.

이건 몰랐지?

엘리자베스는 화려한 것을 좋아했어. 식초와 납을 섞어 만든 화장품으로 두껍고 하얀 화장을 했다는군. 납은 패혈증의 원인이 되기도 하고 피부에도 안 좋다는 건 잘 알지? 집에서 하려고 하면 안 돼!

35 마녀재판!

르네상스 운동이 유럽에 퍼져 나갔지만, 모든 것이 문명화된 것은 아니야. 16세기와 17세기에는 마녀재판이 가장 극성을 부리던 때였어!

사람들은 마녀가 악마와 결탁하여 사람들에게 흑마술을 쓴다고 의심했어. 동네에 불길한 일이 생기면, 대답은 아주 간단했지. "이건 마녀가 한 짓이야!" 늙고 야위어 보이는 여자들은 마녀로 쉽게 의심받았어. 그래서 수많은 가난한 사람들이 종종 마녀로 몰려 마녀재판을 받았다고 하는군.

잔인하고 이상한 방법으로 마녀인지 아닌지 판별하기도 했어. 옷을 벗긴 후에 손을 다리에 묶고 물속에 던지는 거야. 물 위로 떠오르면 마녀이고, 가라앉으면 무죄인 거지. 아마도 대부분 물에 빠져서 죽었을 거야.

마녀로 의심되는 사람의 오줌으로 케이크를 만드는 방법도 있었어. 일명 '마녀 케이크'라고 불렀지. 마녀 케이크를 동물한테 먹이는 거야. 오줌의 주인이 마녀라면, 케이크를 먹은 동물이 고통스럽게 울부짖는다는 거지.

불행히도 이런 식별법으로 유죄 판결을 받으면 화형을 당하거나 교수형에 처해졌대. 지금은 있을 수 없는 일이지.

이건 몰랐지?

마녀재판은 미국에서도 있었어. 세일럼(Salem) 마녀재판은 1692년과 1693년에 진행되었는데, 스무 명이나 처형되었어. 어린 여자아이 두 명이 어떤 발작을 일으켰는데, 이게 마녀들의 탓이라고 몰아붙인 거야.

바다에서의 모험

대항해 시대

36 파도 위에서의 삶

몸이 약한 사람들은 대항해 시대에 유럽에서 선원이 되기 어려웠을 거야. 허리가 부러질 정도로 일이 힘들었고, 배는 지저분하고 불편했거든. 콜럼버스는 서인도에서 해먹(hammock)을 가지고 왔지만, 이제 막 알려지는 정도였어. 선원들은 차고 딱딱한 갑판 위에서 다닥다닥 붙어서 자야 했지.

음식도 엉망이었어. 소금에 절인 고기와 비스킷을 먹었는데, 상태가 좋지 않았어. 바짝 마른 크래커에 가까웠지. 소금에 음식을 저리면 음식이 상하는 것을 막

을 수는 있었지만, 긴 항해 동안 신선한 음식은 꿈도 못 꾸었을 거야. 결국 문제가 생길 수밖에 없었어.

질병이야말로 가장 큰 문제였지. 특히 괴혈병이 심했어. 이 병은 비타민 C가 부족하면 생기는 거야. 비타민 C는 신선한 과일과 채소에서 섭취할 수 있지. 그러니, 과일과 채소를 잘 먹어야 해. 괴혈병에 걸리면 잇몸에 피가 나고, 입 냄새가 심해지지. 쉽게 피곤해지고 피부에는 점이 많이 생기기도 해. 치

아가 빠지고, 큰 종기가 생긴다고 해. 짐작했겠지만, 병에 걸린 선원은 두 번 다시 배를 탈 수 없을 거야.

배 위에서 규칙을 어기다 걸리면 아홉 갈래의 가죽끈으로 보상을 받았대. 아마도 여러 갈래로 갈기가 난 채찍질을 견뎌야 했겠지.

37 바스코 다 가마

바스코 다 가마(Vasco da Gama)는 포르투갈의 선원이야. 인도까지 항해한 최초의 유럽인이지. 인도로 가는 길에 아프리카도 거쳐 갔어.

인도가 그토록 매력적이었던 이유는 명쾌했는데, 바로 향신료 때문이었어. 포르투갈의 왕은 인도와의 무역로를 확보하면 향신료를 팔아서 큰돈을 벌 수 있을 거라는 것을 알았지. 바스코는 그걸 가능하게 만든 사람이야. 1497년에 출발해서 그다음 해에 인도에 다다랐지. 하지만, 그가 귀국했을 때에는 끔찍한 상황이 펼쳐졌어. 선원들의 반이 괴혈병으로 목숨을 잃었거든.

캘리컷(Calicut, 지금의 코지코데(Kozhikode))에 있던 포르투갈의 공장이 파괴되었어. 바스코는 해군의 힘을 보여 주기 위해 1502년에 인도로 다시 항해를 떠났지. 캘리컷을 무차별 공격했고, 그 지역의 무역선들을 약탈했어. 1524년에 바스코는 인도의 포르투갈 총독으로 임명되어 인도로 다시 돌아왔어. 인도에 도착하고 나서 얼마 지나지 않아 병에 걸렸어. 단순히 델리 벨리(Delhi belly, 여행자들이 인도에서 설사에 걸릴 때 하는 말)가 아니었던 거야. 말라리아에 걸렸고, 다시는 집으로 돌아가지 못했지.

이건 몰랐지?

이 시기에 포르투갈 사람들은 바다 위에서 아주 바빴어. 브라질을 발견한 사람들이 바로 포르투갈 사람들이거든. 오늘날 리우데자네이루에서 가장 큰 축구팀 중 하나는 바스코 다 가마의 이름을 따르고 있어. 그 축구팀을 찾는 거는 어렵지 않겠지? 바스코 다 가마 사커 클럽(soccer club)이거든.

38 엘 드라크

프랜시스 드레이크(Francis Drake)는 영국의 선원이야. 1577년과 1580년 사이에 두 번째로 세계 일주 항해를 했지. 그 배의 이름은 골드 하인드(Gold Hind)야. 세계 최초로 세계 일주 항해를 한 사람은 1522년에 스페인의 페르디난드 마젤란(Ferdinand Magellan)이었어. 선원들의 대부분은 항해 도중에 목숨을 잃었지.

드레이크는 영국에서는 영웅이었어. 스페인이 영국을 침략했을 때 스페인의 무적함대를 물리쳤으니까. 드레이크는 참 낙천적인 사람이었나 봐. 스페인 함대가 몰려왔을 때, 볼링 게임을 하고 있었다는군. 게임을 다 끝내고 나서도 적을 쳐부술 시간이 충분하다고 그랬다는 전설 같은 이야기가 전해져 내려오고 있지.

하지만, 드레이크는 해적이기도 했어. 스페인 사람들은 그를 엘 드라크(El Draque)라고 불렀어. 그의 머리에 엄청난 현상금을 걸었지. 드레이크는 황금으로 가득 찬 스페인의 배들을 공격했어. 스페인 사람들이 신대륙에서 가져온 것들이었지. 보물들을 훔쳐서 영국으로 가지고 온 거야. 엘리자베스 1세 여왕이 아주 기분이 좋았겠지. 그래서 드레이크에게 기사 작위를 내렸다고 해.

그의 세계 일주 항해도 해적 유람 여행과 비슷했어. 그가 포획한 것 중 가장 큰 것은 금 36킬로그램과 은 26톤을 실은 스페인 배야. 심지어는 캘리포니아에 상륙해서 영국 땅이라고 선언까지 해 버린 거야!

이건 몰랐지?

스페인 선원들은 드레이크를 아주 두려워했어. 드레이크가 악마와 계약을 맺고 특별한 힘을 얻었다고 믿을 정도였지. 바다에서 보물선을 찾아 주는 마법 거울을 갖고 있다고 생각했어.

39 모험가 롤리

월터 롤리(Walter Raleigh) 경은 엘리자베스 1세 시대의 또 다른 영국의 모험가이지. 그는 때때로 시키는 대로 하는 게 최선이라는 증거이기도 해.

월터 롤리는 여왕의 총애를 받았어. 엘리자베스 여왕은 롤리를 정말 좋아했고, 기사 작위도 내렸어. 한번은 롤리가 아주 비싼 망토를 펼쳐서 웅덩이를 덮었대. 여왕의 발이 젖지 않도록 말이지. 전설 같은 이야기지만, 너무 오글거리는군!

월터 롤리가 항상 여왕의 마음에 드는 행동만 했던 것은 아니었나 봐. 여왕의 시녀 중 하나와 몰래 결혼했거든. 여왕이 엄청 화가 났었대. 그는 런던 타워

안에 내팽개쳐졌어. 감옥에 갇혀 있는 동안 다른 재능을 탐닉할 시간을 갖게 됐다는군. 그는 타고난 작가였는데, 특히 시를 잘 썼나 봐.

여왕에게 잘 보이기 위해, 월터는 스페인이 했던 일을 따라 했지. 남아메리카에 있다고 하는 엘도라도(El Dorado, 전설의 황금도시)를 찾아 나선 거야. 당연히 엘도라도를 찾지는 못했고, 엘리자베스 1세가 죽고 나서 왕위에 오른 제임스 1세의 관심도 받지 못했어. 항해 도중에 스페인 배들을 건들지 말라고 명령을 받았음에도 불구하고, 이성을 잃고 또 공격하고 말았어. 결국에는 그 일로 1618년에 참수를 당했대.

이건 몰랐지?

믿을 수 없겠지만, 모험가이자 해적인 롤리(Raleigh)는 배를 탈 때마다 뱃멀미를 했다고 해.

40 진정한 캐러비안의 해적

스페인과 포르투갈이 신대륙에서 많은 황금을 약탈한 것처럼 누군가 그들의 황금을 훔치려 했다는 건 어찌 보면 당연한 일이었지. 드디어 해적들이 등장한 거지!

해적들은 프랑스나 영국 같은 나라들의 지원을 받고는 했어. '나라로부터 인정받은 해적'이라고 해야 하나? 그러나 제대로 된 해적 중에서 그 시대에 가장

악명 높은 해적이라면 블랙비어드(Blackbeard)를 빼놓을 수 없지. 그는 넓은 모자를 쓰고, 무릎까지 오는 부츠를 신었고, 권총과 단검을 차고 다녔어. 블랙비어드는 지금 우리가 해적을 상상하면 떠오르는 모습을 하고 있었고, 18세기 초 해적의 황금시대 동안에 활개 치고 다녔지.

다른 배를 공격할 때 길고 검은 수염에 도화선을 꽂고 불을 붙였다고 해. 악마처럼 보이게 만드는 거지. 이런 이미지로 쏠쏠한 재미를 봤지. 두려움과 위협을 이용해서 수많은 배들을 손쉽게 약탈했어. 물론 필요하면 싸우기도 했지만 말이야. 블랙비어드의 배인 퀸 앤즈 리벤지(Queen Anne's Revenge)는 대포가 40개나 있었어. 배의 깃발은 해골과 X자 모양의 큰 뼈 그림 대신에 창이 피 흘리는 심장을 찌르는 해골 뼈 그림을 보여주었다고 하는군. 그 깃발이 보이면, 배를 버리고 달아날 시간이라는 거지.

블랙비어드의 행운도 1718년에 끝나고 말아. 그는 영국해군 장교들에 의해 죽임을 당했어. 장교들은 블랙비어드가 배에 올랐을 때 기습했지. 블랙비어드의 머리는 영국 해군함인 HMS 펄(HMS Pearl)의 뱃머리에 매달려졌지. 다른 해적들에 대한 경고로 말이야.

이건 몰랐지?

블랙비어드는 죽어서도
사람들을 무섭게 했어.
그의 영혼이 해안가를
떠돌아다니는 것을 봤다는
사람도 있었고, 잃어버린 머리를
찾고 있는 걸 봤다는 사람도 있었어.

41 쿡 선장

제임스 쿡(James Cook) 선장은 영국의 뱃사람이자 탐험가야. 오스트레일리아의 동부 해안에 상륙한 최초의 유럽인이기도 하지. 쿡 선장은 출항 도중에 배가 그레이트 배리어 리프(Great Barrier Reef) 위에서 망가졌을 때 작은 문제에 부딪혔다고 해. 지금의 퀸스랜드(Queensland)에 있는 쿡타운(Cooktown)에서 배를 수리했다는군. 쿡 선장은 그곳에 있는 강의 이름에 자기 배의 이름을 붙였어. 엔데버호!

쿡 선장은 뉴질랜드 주변을 항해했고, 해안선을 지도로 옮겼어. 심지어는 남극해도 탐험했다는군. 남극권을 가로질러 항해한 최초의 유럽인들 중 한 사람이 되는 순간이었지. 하지만 너무 추워서 남극 대륙에는 가지 못했다고 해. 그래서 햇살이 따뜻한 타히티로 배를 돌렸지. 타히티는 태양이 가득한 태평양의 천국 같은 곳이야.

쿡 선장의 마지막 항해에서는 하와이에 상륙해서 원주민들과 시간을 보냈다고 해. 하지만, 즐거운 은퇴가 되지는 못했던 것 같아. 원주민들은 처음에는 쿡 선장이 신이라고 믿었던 것 같아. 그런데, 그 믿음은 그리 오래 가지 못했어. 원주민 추장과 다툰 후에 몽둥이로 머리를 얻어맞아서 죽고 말았어.

이건 몰랐지?

괴혈병은 쿡의 항해에 큰 문제가 되지 못했어. 쿡은 현명하게도 신선한 식량 공급을 위해 잠깐 멈추기도 했어. 그리고 배 안에 대비책도 있었어. 아주 맛있지는 않았지만, 엿기름과 배추절임을 준비했거든.

역동적인 시민혁명

미국 혁명과 프랑스 혁명

42 보스턴 차 사건

보스턴 차(茶) 사건은 영국의 아픈 곳을 때리고 싶다면, 영국사람들이 가장 즐기는 음료를 공격하라는 증거야.

18세기 북아메리카의 식민지 지도자들은 여전히 영국의 통치를 받고 있었어. 군말 없이 많은 세금을 영국에 갖다 바치는 것에 신물이 났지. 그래서 차를 운반하는 배가 도착했을 때 배들은 뉴욕, 찰스턴, 필라델피아 같은 곳에서 내쫓겼어. 식민지로 들어오는 차에 대해 세금을 부과한 '차 세금법'에 대한 저항이었

지. 하지만, 우여곡절 끝에 적하물이 보스턴에 내려지게 되었어.

문제가 끓어오르기 시작했지. '자유의 아들들(the Sons of Liberty)'은 미국 식민지의 권리를 지키기 위해 만든 단체였는데, 1773년 12월 16일에 원주민 복장을 하고 배에 올라서 영국 사람이라면 정말 싫어할 일을 저질렀어. 340궤짝이 넘는 차를 보스턴 항구에 내던져 버린 거지. 대략 45톤 정도 되는 건데, 엄청나게 많은 차를 끓일 수 있는 양이지. 이게 바로 보스턴 차 사건이라고 알려진 거야.

이런 낭패가 있나! 차를 실은 배를 내쫓아 버렸군.
차가 다 떨어졌는데. 오늘 오후 차모임은 어떻게 하지? 보스턴 사람들이 모두 여기로 몰려들겠어.

보스턴 차 사건은 근본적으로 평화로운 저항이었지만, 영국 입장에서는 유쾌하지 않았겠지. 영국은 빚이 지불될 때까지 항구를 폐쇄했어. 그리고 미국인들이 '불관용법(Intolerable Acts)'이라고 부르게 되는 법을 통과시켰지. 미국인들을 영국의 통제 안에 두기 위한 법적인 보복 조치라고 할 수 있고, 미국인들은 자신들의 권리가 침해당했다고 느꼈을 거야. 미국인들은 영국인들이 차

에 대해 느끼는 것만큼이나 그들의 권리를 중요하게 생각했어. 그래서 어떻게 됐냐고? 혁명이 일어났지.

이건 몰랐지?

이 사건 이후에 많은 미국인들은 차를 마시는 것이 애국적이지 못하다고 생각했어. 그래서 새로운 음료를 마시게 됐는데 그게 바로 커피야.

43 독립

영국과 미국의 독립운동가들(the Patriots) 사이에 갈등이 한동안 부글부글 끓어올랐어. 독립운동가들은 북아메리카에서 13개 주를 위한 독립을 원했지. 13개의 식민지 주는 자체적으로 의회를 세웠어. 1775년 독립 전쟁이 발발했을 때, 영국 군인들을 향해 발사된 최초의 총성을 '전 세계로 울려 퍼진 총성'이라고 불렀어. 소리가 그렇게 크지는 않았지만, 그 충격은 엄청났지.

독립 전쟁이 발발했고, 조지 워싱턴(George Washington)은 영국과 영국에 충성하는 사람들에 대항하는 독립군(Continental Army)의 사령관이 되었어. 워싱턴은 영국과 계속 전쟁 중에 있는 어느 나라로부터 도움을 받았어. 그 나라가 바로 프랑스야.

그 당시에 영국과 프랑스는 정말로 사이가 안 좋았어. 두 나라는 항상 다투고 있었고, 둘 사이의 7년 전쟁이 1763년에 겨우 끝났거든. 프랑스는 원래 독립 운동가들을 비밀스럽게 돕고 있었어. 무기와 필요한 물품을 제공하면서 말이야. 그런데, 1778년에 미국 독립군을 위해 전쟁에 직접 뛰어들었어. 미국의 독립을 돕기 위해서였지만, 영국과 싸우기 위해서이기도 했어. 스페인과 네덜란드도 미국을 돕기 위해 합류했어. 이러고 보니, 그 당시에는 영국을 좋아한 나라가 없었나 봐.

영국이 확실히 불리하게 되면서, 1783년에 마침내 미국 독립군의 승리와 함께 평화가 선언되었어. 미합중국이 드디어 진정한 독립국이 되는 순간이었지.

7월 4일은 미국의 독립기념일이야. 1776년에 13개 주가 모여서 새로운 나라임을 선언한 날을 기념하는 거야. 오늘날 사람들이 '존 핸콕(John Hancock)'을 서명이라는 뜻으로 사용해. 아마도 그가 서명할 때 글씨를 크게 써서 그런가 봐.

44 미국 초창기 대통령들

조지 워싱턴은 미합중국의 초대 대통령이야. 두 번째 취임식에서는 가장 짧은 연설을 하기도 했어. 겨우 135단어였으니까 지금 읽고 있는 부분보다 짧은 거야. 취임식에 참석한 사람들은 아주 좋아했을지도 몰라. 그는 달러를 미국의 통화로 만들었고, 상아로 만든 의치를 사용했어. 그런데 워싱턴 D.C에는 거주한 적이 없다는군.

존 아담스(John Adams)가 워싱턴 D.C.에 있는 백악관에서 살기 시작한 최초의 미국 대통령이야. 그는 부통령이었던 토머스 제퍼슨(Thomas Jefferson)에게 경쟁심이 있었던 것 같아. 존은 죽는 순간에 "토머스 제퍼슨은 아직 살아 있는데…"라고 말했다고 하니, 경쟁심이 엄청나지? 그런데, 사실은 존이 잘못 알고 있었던 거야. 제퍼슨은 존이 죽은 7월 4일 바로 그날 더 일찍 죽었거든.

토머스 제퍼슨은 미국의 세 번째 대통령이야. 그런데, 그는 이 사실이 묘비에 적히지 않게 했다는군. 그는 '국민의 사람'이었다고 해. 허리 굽히며 인사하는 것 대신에 국민들과 악수를 한 첫 번째 대통령이었다고 해. 게다가 엄청난 책벌레였는데, 의회 도서관이 불타고 나서 1815년에 자신의 서재를 의회에 팔았다고 해. 미국 의회는 상원(the Senate)과 하원(the House of Representatives)으로 구성되어 있어.

이건 몰랐지?

토머스 제퍼슨은 책을 정말 사랑했나 봐. 회전식 책꽂이를 가지고 있었는데, 한 번에 다섯 권의 책을 펼쳐볼 수 있었대.

45 마리 앙투아네트

마리 앙투아네트(Marie Antoinette)는 화려한 삶을 살았던 오스트리아 공주였어. 열네 살에 프랑스 왕위 계승자였던 루이 16세와 결혼했지. 이런 결혼은 아마 지금은 불법일 거야. 하여튼 1774년에 프랑스의 왕비가 되지.

마리는 그 시대의 10대 슈퍼스타 같았어. 그녀의 라이프 스타일도 마찬가지

였지. 약 5만 명의 사람들이 마리가 처음으로 대중들에게 모습을 드러내는 것을 보러 몰려들었고, 심지어는 밟혀 죽은 사람들도 있었다는군.

화려한 무도회를 즐겼고, 도박하고, 수많은 옷들과 신발들을 사들였다고 해. 돈 쓰는 것을 아주 좋아했대. 처음에는 괜찮았어. 프랑스가 미국 혁명에 관여하면서 부채가 많아지고, 문제가 걷잡을 수 없이 커진 거지. 마리는 머리를 하얗게 보이게 하려고 밀가루를 사용했어. 가난한 사람들은 먹을 빵도 없었는데 말이지. 왕족들이 사는 베르사유궁에 농장마을을 만들었어. 양치기 복장을 하고 농사꾼 놀이를 하며 놀았다는군. 특히 베르사유를 짓는 것이 얼마나 많은 돈이 들어가는지 프랑스 사람들이 알게 됐을 때에는 이런 소리를 좋아했을 리가 없잖아? 지금 베르사유를 짓는다면 20억에서 300억 미국 달러의 비용이 든다고 해.

더 이상 참을 수 없을 정도가 되자 프랑스 사람들도 들고일어났지. 불쌍한 마리는 1793년에 단두대에서 처형되었어.

이건 몰랐지?

마리 앙투아네트는 아주 풍성한 헤어스타일을 만들었다고 해. 머리 위로 1.5미터 정도까지 올렸다고 하는군. 종종 타조 깃털을 사용했대. 이 헤어스타일은 키가 커서 이 머리를 따라 하는 여자들은 객차 안에서 머리 모양이 똑바로 서 있게 하기 위해 무릎을 꿇어야 했대.

46 프랑스 혁명

미국인들은 독립 기념일을 축하하지만, 프랑스인들은 7월 14일을 기념한다고 해. 1789년에 프랑스 사람들이 바스티유 감옥과 무기고를 쳐들어갔어. 프랑스 사람들은 높은 물가와 불공정하게 부과되는 세금에 몹시 분노했어. 세금이 부유층과 교회를 지원하기 위해 과도하게 사용되었기 때문이야. 프랑스 사람들은 자유, 평등, 박애를 외쳤어. 일반 민중이 진정한 권력을 쟁취하는 순간이었지.

프랑스 사람들은 정부를 만들었고, 세금을 공정하게 부과했고, 독재 권력을 몰아냈지. 루이 16세는 변장을 하고 왕비인 마리 앙투아네트와 도망치려 했지만 국경 근처에서 붙잡히고 말았어. 루이는 지폐에 자신의 얼굴이 찍혀 있다는 것을 생각하지 못했나 봐. 왕과 왕비가 체포되었고, 프랑스는 1792년에 공화국임을 선포했어. 루이는 1793년에 단두대에서 처형되었어. 단두대는 그 당시 새로이 등장한 '조금 더 인간적으로' 머리를 베는 방법이라고 해야 할까?

하지만, 민중을 위한 승리였어야 할 것들이 곧 피비린내 나는 공포의 시대로 탈바꿈하고 말았어. 혁명을 일으킨 사람들끼리 싸우기 시작한 거야. 극단주의자들이 권력을 잡았고 수만 명의 사람들이 단두대에서 처형당했어.

이건 몰랐지?

단두대는 프랑스에서는 '국가의 칼'로 알려지게 되었지. 가장 마지막 처형은 1977년에 있었다고 하는군.

47 나폴레옹

나폴레옹(Napoleon)은 자기 방식대로 일하는 것을 좋아하는 천재적인 군사 지도자였어. 1804년에 프랑스 황제에 등극했어. 프랑스 혁명에 의해 만들어진 공화국이 공식적으로 끝난 거지. 황제가 되는 화려한 행사를 열어서 교황을 기다리게 했지. 그러고 나서 다른 누군가가 아닌 본인 스스로 왕관을 머리에 올렸어.

나폴레옹은 싸움을 아주 좋아했어. 그는 12년 동안 나폴레옹 전쟁을 진행했고, 대제국을 세웠어. 나폴레옹은 자신의 성공에 대해 겸손하지 못했어. 당시 유명 초상화가인 자크 루이 다비드(Jacques Louis David)를 시켜서 멋진 말을 타고 이탈리아의 알프스산맥을 넘어가는 장면을 그리게 했어. 나폴레옹은 실제로는 말을 잘 타지 못했고, 노새를 타고 산을 넘었다고 하는군. 나폴레옹은 분명 자제력을 잃었던 거야. 1812년에 군대를 이끌고 러시아까지 진군했거든. 이건 끔찍한 선택이었어. 러시아의 혹독한 추위는 나폴레옹에게 다시 눈 속을 뚫고 돌아가도록 강요했어. 이 과정에서 수십만의 병사들과 말, 포병대를 잃었어.

나폴레옹을 위한 게임은 1814년에 준비되어 있었어. 그는 이탈리아의 엘바(Elba)섬에 유배되었고, 그곳에서의 생활은 아주 한가했어. 나폴레옹은 아주 바쁘게 살던 때가 그리웠을 거야. 나폴레옹은 그다음 해에 탈출했고, 프랑스는 그를 두 팔 벌려 환영했지. 나폴레옹은 그가 사랑했던 것들을 다시 시작했어. 바로 이웃 나라들과의 전쟁을 다시 시작한 거야. 하지만, 100일도 안 되어서 워털루(Waterloo) 전투에서 대패했어. 또 세인트 헬레나라고 하는 또 다른 섬으로 보내졌는데, 훨씬 더 외진 곳이었지. 나폴레옹은 결국 그곳에서 생을 마감했는데, 아마 지루해서 죽은 걸지도 몰라.

나폴레옹은 치질의 일종인 치핵으로 고생했대. 통증 때문에 워털루 전투에서 공격 개시가 늦었을지도 몰라.

48 고집 센 넬슨

호레이쇼 넬슨(Horatio Nelson)은 영국 해군의 제독이야. 프랑스에 대항하여 싸운 것으로 유명하지. 넬슨은 마음먹은 것은 반드시 해내는 사람이었어. 전투에서 오른쪽 눈을 잃었고, 또 다른 전투에서 오른팔을 잃었어. 그래도 적들과의 전투를 계속했다고 해.

넬슨은 1798년에 나일강에서 프랑스 함대를 쳐부쉈지. 프랑스가 이집트를 정복하려고 했던 때인데, 나폴레옹의 계획을 망쳐버린 거야. 서로 다른 편이었지만, 넬슨과 나폴레옹은 한가지 공통점이 있었어. 두 사람 모두 자기가 마음먹은 일은 꼭 해냈다는 거지.

넬슨은 고집이 꽤 셌던 것 같아. 명령에 복종하지 않는 경우도 있었거든. 1801년 코펜하겐 해전 도중에 공격을 멈추라는 명령을 받았는데, 보이지 않는 눈에 망원경을 대고 명령문이 보이지 않는 척했다는군. 계속 공격을 하기 위해서 말이야.

넬슨은 아주 극적인 모습으로 역사의 한 장면을 장식했어. 트라팔가르 해전에서 병사의 수가 더 적고, 화력도 열세였음에도 불구하고, 프랑스와 스페

인 연합 함대를 과감하게 공격했고, 단 한 척의 배도 잃지 않고 승리를 거두었지. 불행히도 교전 중에 프랑스 저격수가 쏜 총에 어깨를 맞았고, 결국 전사하고 말았어.

49 철인 공작님

철인 공작이라고 알려진 아서 웰즐리(Arthur Wellesley)는 웰링턴의 공작이야. 1815년 워털루 전투에서 나폴레옹을 물리친 사람으로 유명하지. 하지만, 혼자 이루어 낸 승리는 아니었어. 공작의 군대는 블뤼허(Blücher)가 이끄는 프로이센(Prussian, 지금의 독일) 연합군의 도움을 받았지.

나폴레옹과 웰링턴 공작은 서로 양면성이 있었던 것 같아. 나폴레옹은 공개적으로 공작을 헐뜯으면서 개인적으로는 칭찬을 했다는군. 반면에 웰링턴 공작은 나폴레옹을 공개적으로 칭찬하고 뒤에서는 욕했다고 해. 결국 전투에서 그런 불일치를 정리했지. 나폴레옹은 워털루 전투 중에 어느 날 웰링턴은 형편없는 군인이라서 프랑스가 쉽게 이길 거라고 했다는군. 입방정이 보통이 아니세요.

승리를 거두자 웰링턴 공작은 나폴레옹을 처형하지 않을 거라고 했어. 철인 공작이 너무 마음 약하다고 착각하면 안 돼. 웰링턴 공작은 나폴레옹의 전 여자친구들 중 두 명과 사귀었거든. 우는 가슴에 말뚝 박는다고, 나폴레옹은 전투에 진 것도 억울한데 여자친구들까지 빼앗긴 거지.

나폴레옹이 웰링턴 공작에게 가진 감정은 죽은 후에 더 명백해졌어. 그의 유언장에 철인 공작을 암살하려고 했던 사람을 위해 돈을 남긴 거야.

이건 몰랐지?

나폴레옹은 자신의 벌거벗은 모습을
커다란 동상으로 만들 것을 의뢰했는데,
중요 부위를 무화과 잎으로 가렸다는군.
웰링턴 공작은 나폴레옹과의 전쟁에서 승리하고
나서, 그 동상을 자기 집에 가져다 놓았다고 해.
확실히 어디에서도 찾을 수 없는 장식품이었을 거야.

제국의 시대

대영제국과 유럽의 제국들

50 죄수들의 섬

상상하기 힘들겠지만, 오스트레일리아에 살게 하는 것이 처벌이었던 때도 있었어. 오스트레일리아는 범죄자 식민지였어. 그러니까, 유배지였던 거지.

영국의 배들이 1788년에 지금의 시드니에 도착했어. 배에 있던 대다수 사람들은 유죄 판결을 받은 사람들이었어. 하지만 그들 전부가 상습범이었던 것은 아니야. 아이들도 있었고, 경범죄를 저지른 사람들이 많았어. 겨우 치즈 한 조각을 훔친 여자도 있었으니까!

영국에서 오스트레일리아까지는 배로 8개월이 걸렸어. 배 위에서의 생활은 참 불편했지. 죄수들은 갑판 아래에서 생활했는데, 덥고 습했지. 배에는 이상한 벌레들도 많았어. 빈대, 머릿니, 바퀴벌레가 배 안 여기저기에 있었다고 해. 이런 환경이 그들에게는 좋은 훈련이었을 수도 있어. 오스트레일리아는 뱀, 거미 그 외 여러 벌레들로 악명이 높았거든. 대략 48명의 사람들이 배 위에서 죽었다고 하는데, 그 시절에는 많이 죽은 건 아니라고 해.

새로 정착한 사람들은 고생을 많이 했어. 농사는 힘들었고, 영국에서 들어오는 보급품에 의지해서 살아야 했대. 하지만, 보급품은 계속 줄어들었지. 오스트

레일리아가 적합한 감옥이라고 여겨진 것도 무리는 아닌 것 같아. 가장 가까운 나라가 수백 킬로미터나 떨어져 있고, 주변에는 활활 타오르듯 뜨거운 덤불만 있으니, 창살도 쇠사슬도 필요 없었을 거야.

오스트레일리아 식민지 초기에는 럼주를 동전이나 지폐 대신에 화폐로 사용했어.

51 오스트레일리아 원주민

영국인들이 오스트레일리아에 나타났을 때, 원주민들은 자신들의 터전이 감옥이라고는 생각하지도 못했을 거야. 오스트레일리아는 그들에게는 집이었으니까. 오스트레일리아 원주민들은 그 곳에서 4만 년 이상이나 살아왔어. 하지만, 그게 무슨 소용이었겠어. 새로운 정착민들은 원주민들에게 해를 끼쳤어. 원주민들은 천연두에 걸려 죽기도 하고 영국인들의 무기에 죽기도 했어. 원주민의 창은 총 앞에서 무용지물이었지.

하지만, 원주민들은 식민지 주민들과는 달리 척박한 환경에서 살아남는 법을 알고 있었지. 부메랑 같은 멋진 도구를 이용해서 사냥을 했어. 부메랑은 구부러진 나무로 만든 도구야. 던져서 사냥감을 맞히는 거지. 못 맞히면 어떡하지? 걱정 마! 부메랑은 던진 사람에게 되돌아오거든. 원주민들은 디제리두(didgeridoo)라는 피리를 연주했어. 지금도 이 피리 소리를 들으면 머릿속에 오스트레일리아를 떠올리는 사람이 많을 거야.

10살에서 16살 사이의 원주민 아이들은 몇 달 동안 야생에서 자급자족 생활을 해야 해. 어른이 되기 위한 정신적인 훈련 같은 거지. 만약 우리한테 아무것도 없이 맨손으로 야생에서 몇 달씩이나 살아 보라고 하면 할 수 있을까? 나라면 못 할 것 같아!

이건 몰랐지?

오스트레일리아 건국 기념일은 1월 26일이야. 1788년에 첫 번째 식민지 주민들이 오스트레일리아에 도착한 날이야. 하지만, 많은 원주민들과 토레스 해협(Torres Strait) 섬 주민들에게는 애도의 날이지. 많은 원주민들은 '침략의 날'이나 '생존의 날'이라고 부르고 있어.

52 빅토리아 여왕

1837년, 빅토리아(Victoria)는 18세의 나이에 여왕이 되었고, 대영제국을 60년 넘게 통치했어. 사촌인 앨버트와 1840년에 결혼했어. 여왕이 그에게 청혼했다고 해. 분명히 시대를 앞선 일이지만, 앨버트는 여왕인 빅토리아에게 청혼하는 것이 허용되지 않았어.

두 사람은 아홉 명의 아이를 두었어. 나중에 유럽 전역의 왕족들과 쉽게 혼인할 수 있었지. 가족 동맹이 최고 아니겠어? 하지만 앨버트는 1861년에 세상을 떠났고, 빅토리아 여왕은 너무 슬퍼서 평생 검은색 옷을 입었다고 해.

빅토리아는 아주 인기 많은 여왕이었어. 심지어 그녀의 통치 기간을 빅토리아 시대라고 부르거든. 그뿐만 아니라, 그녀의 이름이 붙은 장소들이 전 세계에

널려 있어. 예를 들면, 오스트레일리아에는 빅토리아주가 있어. 캐나다에는 빅토리아시가 있고, 아프리카에는 빅토리아 폭포가 있어. 반대로, 빅토리아 여왕을 죽이려는 사람들도 있었어. 여왕에 대한 암살 시도가 여러 번 있었는데, 주로 마차에 총을 쐈어. 암살을 시도한 사람들 중에는 제정신이 아니었던 사람들도 있었지만, 죽음보다 비참한 벌을 받은 사람들도 있지. 평생 뼈 빠지게 일만 하도록 오스트레일리아에 유배를 보내 버린 거지.

이건 몰랐지?

빅토리아 여왕은 버킹엄궁에 살기 시작한 최초의 영국 군주야. 존스(Jones)라는 10대 소년은 여러 번 궁에 숨어들어 갔는데, 빅토리아 여왕의 속옷을 훔치다 걸렸다고 해.

53 인도의 항쟁

영국의 동인도 회사는 영국 제국이 아시아를 관리하는 데 아주 중요한 역할을 했어. 면화와 차를 교역하는 것 같은 일을 했지. 동인도 회사는 차를 많이 생산하는 중국과의 무역 전쟁에서 핵심에 있었어. 그런데, 인도 사람들은 무역회사에 지배당하는 걸 더 이상 용납할 수 없었는지, 1857년에 들고 일어선 거야.

몇몇 인도 군인들이 반란을 일으켰고 지휘관을 살해하기도 했어. 그들은 인도 사람들이 잔혹한 난동을 일으키도록 선동했어. 영국에게는 큰 충격이었지만, 그리 오래 가지는 못했어. 영국이 가만히 있었을 리가 없잖아.

결국 폭동은 진압되었고, 영국은 동인도 회사를 없애 버리고 인도를 직접 통

치했어. 영국의 인도 통치 기간(British Raj)이라고 부르지. 이 시기에 인도는 대영제국이라는 왕관의 보석과 같은 존재였어. 영국 사람들은 인도 사람들의 이야기를 더 주의 깊게 듣기 시작했고, 그들의 전통과 관습을 좀 더 존중하는 모습을 보여 주었어. 특히, 기독교로 개종하도록 강요하는 것을 멈추고, 영국의 통치에 동의하지 않는 인도 귀족들을 처벌하는 것도 멈추었지. 처음부터 그렇게 했으면 좋았을 텐데!

이건 몰랐지?

영국 사람들은 인도에서 나쁜 짓을 많이 했지만, 멈추게 한 것도 있어. 바로 사형집행 방법이었어. 유죄를 받은 사람을 코끼리에게 밟혀 죽게 하는 형벌을 멈추게 했지.

54 아프리카 쟁탈전

19세기 말까지, 유럽 강대국들은 아프리카에 큰 흥미가 없었어. 그저 사람들을 잡아서 노예로 팔아넘기기만 했지. 그즈음에 대부분의 유럽 국가들은 노예제도를 폐지했어. 이건 아프리카를 식민지로 만들기 위한 편리한 핑계가 되었지. 아프리카를 식민지로 만들기 위한 쟁탈전이 시작되었을 때 유럽 강대국들은 '아프리카에서 노예제도를 없애자'라는 구호를 식민지 개척의 변명으로 사용했으니까. 기독교 선교와 아프리카를 '문명화'한다는 것은 또 다른 핑계였지. 실제로는 아프리카를 지배하고 물질적인 재화를 약탈하기 위한 것이었어. 프랑스는 이미 알제리를 침략한 상태였고, 벨기에의 왕 레오폴드 2세(Leopold II)는 콩고에서 고무 같은 천연자원을 이용해서 돈을 벌려고 기회를 엿보며, 실제로 약탈하기 시작했지. 레오폴드가 소유권을 주장하자마자, 다른 유럽 열강들의 쟁탈전은 걷잡을 수 없게 되었어.

영국은 이집트와 남아프리카를 포함하여 아프리카 대륙의 많은 지역을 차지했어. 인도로 가는 길에 있어서 중요한 나라들이었지. 프랑스는 서아프리카의 많은 지역을 정복했고, 독일과 포르투갈도 일부를 차지했지. 유럽 제국들은 산업 기술과 무기가 있었기 때문에 아프리카 대륙을 정복하는 것이 아주 어렵지는 않았어. 아프리카 땅을 피로 물들이고, 착취하는 데 몰두했지.

헨리 스탠리(Henry Stanley)는 탐험가이자 기자야. 영국인 선교사 데이비드 리빙스턴(David Livingstone)을 찾기 위해 아프리카 깊숙이 돌아다녔다고 해. 스탠리는 박사를 찾았을 때에 아주 쿨하게 한마디 했대. "리빙스턴 박사님…. 맞죠?"

뜨거웠던 개척정신

북아메리카와 오스트레일리아의 개척 시대

55 골드 러쉬

1848년에 캘리포니아에서 금이 발견되었어. 금이 있는 곳에는 사람들이 모여들기 마련이지. 일확천금을 벌기 위해 1849년에 수천 명의 사람들이 캘리포니아로 달려갔어. 이 사람들을 '49년도의 사람들(포티나이너스)'이라고 부르는데, 그 당시에 금을 쫓아다니던 사람들을 가리키는 말이야. 포티나이너스(49ers)는 샌프란시스코 미식축구팀의 이름이기도 해.

아주 운이 좋게 큰 부자가 된 사람들도 있었지만, 대다수의 사람들은 그렇지

못했어. 오히려 포티나이너들을 따라다니던 장사꾼들이 벼락부자가 된 것은 재미있는 일이야. 엄청 많은 고객들을 확보할 수 있었거든. 작은 마을이었던 샌프란시스코는 중요한 도시로 성장했는데 그중 일부는 침몰해서 버려진 배 위에다 지어졌다고 해. 캘리포니아는 1850년에 미국의 31번째 주가 되었어.

1849년, 금 채굴업자 제레미아의
모두 다 아는 비밀

1851년 오스트레일리아에서도 금광에 미친 사람들이 있었어. 전국에서 사람들이 반짝거리는 돌덩어리를 찾기 위해 몰려들었지. 영국은 죄인들을 오스트레일리아에 보내는 것을 멈추고 있었는데, 오스트레일리아에 공짜로 가기 위해 일부러 범죄를 저지르는 사람들이 있었을지도 몰라. 바로 금을 찾아 벼락부자가 되기 위해서 말이야.

채굴자들의 권위에 대한 집단적인 저항과 우정이 오스트레일리아 사람들의 성격이 된 것 같다고 말하는 사람들도 있어. 글쎄, 채굴자들이 아주 큰 금덩어리를 발견했다면, 그들의 우정이 얼마나 이어질 수 있었을까?

이건 몰랐지?

리바이 스트라우스(Levi Strauss)는 골드러시 때문에 벼락부자가 된 장사꾼 중 한 사람이야. 질긴 작업복 바지에 대한 공동 특허를 냈거든. 이 바지가 바로 우리가 아는 청바지(jean)의 시작이야. 그의 회사인 리바이스(Levi's)는 아직도 살아 있잖아.

56 미국 남북전쟁

미국의 북부 지역의 주들은 노예제 폐지를 원했지만, 남부의 주들은 이런 생각에 반대했어. 면화와 담배 농장에서 일할 노예들이 필요했거든. 에이브러햄 링컨(Abraham Lincoln)이 1860년에 대통령에 선출되자, 남부 주들은 위협을 느

꼈지. 그래서 11개 주가 떨어져 나가서 자신들의 나라를 만들어 버렸고, 이걸 바로잡을 방법은 한 가지, 바로 전쟁뿐이었어!

미국 남북전쟁(1861 – 65)은 미국 역사상 가장 참혹한 전쟁이었어. 남부 주들은 남부 연합(Confederates)이라고 불렀고, 북부 주들은 연방(the Union)이라고 불렀지. 전쟁 초반에 북군이 불리해지자, 링컨은 노예해방령(Emancipation Proclamation)을 선포했어. 전쟁이 더 이상 북부 연방을 지키기 위한 것만이 아니라, 노예해방을 위한 전쟁이기도 하다는 것을 선언한 거야.

로버트 리(Robert E. Lee) 장군은 남부군의 훌륭한 사령관이었어. 수적으로 열세인 상황에서도 많은 전투를 승리로 이끌었거든. 하지만, 로버트는 자신감이

과했던 것 같아. 그는 북부군을 기습했고, 1863년에 게티즈버그(Gettysburg)에서 패배하기 전까지는 나쁘지 않았어.

1865년에 북부군의 강력한 기습 공격을 당하고, 남부군은 마침내 패배를 인정했어.

이건 몰랐지?

스톤월 잭슨(Stonewall Jackson) 장군은 챈설러즈빌(Chancellorsville) 전투에서 남부군의 승리에 큰 공을 세웠는데, 전투 도중에 부하들이 쏜 총에 맞는 사고를 당했다고 하네.

57 에이브러햄 링컨

에이브러햄 링컨(Abraham Lincoln)은 미국의 전설적인 대통령이지. 처음에는 실패해도 계속 시도해야 한다는 것을 증명해 냈어. 링컨은 많은 실패를 했어. 사업도 실패했고, 부통령에 지명되지도 못했지. 하지만, 1860년에 대통령이 되었고, 자신의 이름을 역사에 확실하게 남겼지.

링컨은 가난한 집안에서 자랐고, 독학으로 법을 공부했어. 스스로를 '정직한 에이브'라고 별명을 지었다고 해. 그렇지 못한 변호사들도 많잖아. 대통령으로서 한 게티즈버그 연설은 역사에 남을 명연설이야. 남북전쟁에서 북부 연방을 승리로 이끌었고, 노예제 폐지를 가능케 했어.

링컨은 키가 193센티미터나 될 정도로 키가 컸어. 그 당시에는 거인 같았을 거야. 연통형 모자를 쓰고 얼굴에 수염을 기른 그의 모습은 확실히 인상적이었어. 1864년에 누군가 쏜 총알이 그의 모자를 관통했대. 정말 큰일 날 뻔했지.

불행히도 링컨은 결국 총에 맞고 말아. 남북전쟁에서 남부군이 항복한 지 5일이 지난 1865년 4월 14일에 극장에서 머리에 총을 맞고 살해당했지. 범인은

존 윌크스 부스(John Wilkes Booth)라는 남부연합 지지자이자 배우였어. 에이브는 그 당시 모자를 쓰고 있지 않았다는군.

이건 몰랐지?

링컨은 미국 레슬링 명예의 전당에 이름을 올린 레슬링 선수이기도 해. 12년 동안 약 300번 정도 경기를 했는데, 딱 한 번 졌다는군.

58 네드 켈리

네드 켈리(Ned Kelly)는 오스트레일리아의 무법자야. 권위에 대한 저항의 상징으로서 민중의 영웅이 되었어. 네드는 항상 용감했고, 어렸을 때 물에 빠진 아이를 구해서 녹색 띠를 상으로 받았지. 법의 경계선을 종종 넘나들기도 했는데, 14살에 돈을 훔치기도 했어. 말을 타고 은행을 털고, 결국 살인자가 되었지.

네드가 경찰관에게 총을 쐈다고 의심받았을 때, 네드 일당은 웜뱃 레인지(Wombat Ranges)라는 곳에 숨었어. 나중에 그 경찰은 거짓말쟁이라는 것이 알려졌지. 경찰이 네드 일당을 잡으러 왔을 때, 네드는 세 사람을 쏴 죽였어. 그러자, 네드 일당의 현상수배 공고는 '현상수배: 죽었든 살았든 상관없음'이라고 바뀌었지.

네드 일당이 마지막으로 나타난 곳은 1880년 글렌로완(Glen-rowan)이었어. 강철 투구를 입고 있었는데, 마치 기사처럼 보였지. 하지만, 치명적인 약점이 있었는데, 갑옷이 다리를 가리지 못했다

는 거야. 경찰은 아래쪽을 조준해서 쐈고, 일당 중 한 명의 가랑이를 맞혔어. 네드도 다리에 총을 맞고 체포되었지. 네드는 교수형을 당했는데, 전설처럼 내려오는 그의 마지막 말은 "이런 게 인생이지"였다고 해.

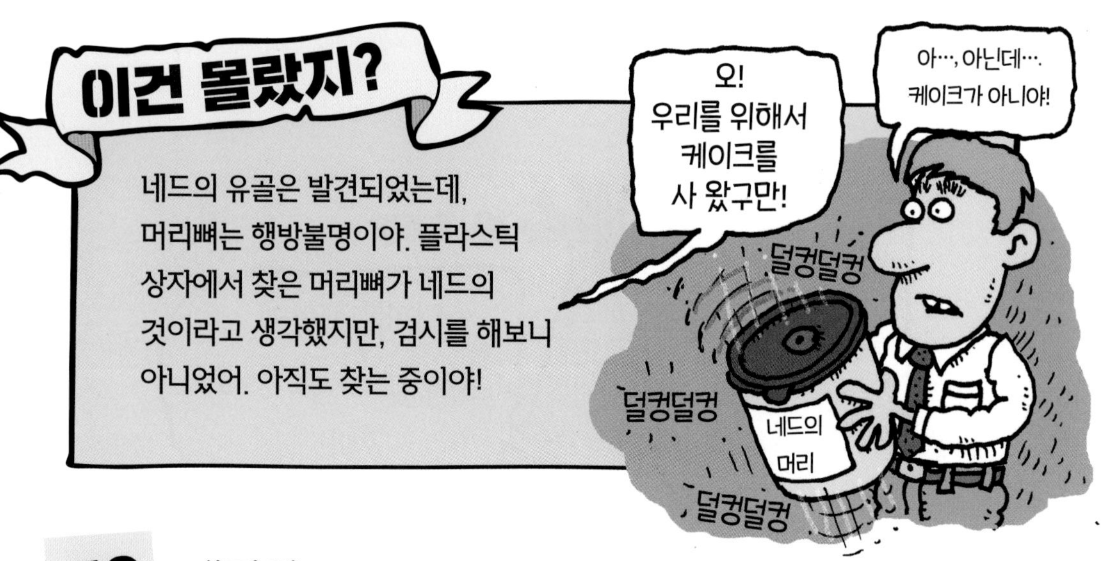

59 대평원

아메리카 원주민들은 땅은 누구의 소유가 아니라고 믿었어. 안타깝지만, 아메리카 대륙을 식민지로 만들고 땅을 뺏으러 온 유럽인들의 생각은 완전히 달랐지. 대평원에는 샤이엔(Cheyenne), 코만치(Comanche), 블랙풋(Blackfoot), 아파치(Apache) 같은 부족들이 살았는데, 버팔로 소 떼 주변에 근거지를 두었어. 버팔로는 원주민들의 식량이었고, 가죽으로 옷과 티피(teepee)도 만들었어. 버팔로의 똥을 말려서 땔감으로 쓰기도 했대.

원주민들은 티피를 옮겨 가면서 버팔로를 따라서 계속

움직였어. 전쟁이 발발하자, 침략자들은 버팔로를 사냥해서 죽여 버렸고, 원주민들은 식량이 부족하게 된 거야.

아메리카 원주민들은 영적인 힘을 믿었고, 영혼을 기쁘게 하는 의식을 가졌지. 원주민들은 태양의 춤을 추었는데, 춤을 추면서 부족의 이익을 위한 영적이고 육체적인 시험을 치러야 했어. 유럽인들은 이런 의식을 금지시켰는데, 1970년대가 되어서야 금지령이 풀렸어.

부족의 어르신들을 존경하는 것은 중요한 일이었어. 우리도 그래야겠지? 선생님 말씀도 잘 듣고 말이야.

이건 몰랐지?

라코타(Lakota)족의 전사이자 지도자인 '미친 말'은 항상 그런 멋진 이름을 가지고 있지는 않았어. 어릴 적 별명은 '곱슬이'였어. 곱슬머리였거든. 그는 말을 타고 싸우러 가면서 아버지에게 앞으로 할 일이 있다고 말했대. 그의 이야기를 듣고 아버지는 이제 새로운 이름이 필요할 때라고 결정했다는군.

60 리틀 빅혼 전투

정착민들은 미국의 블랙 힐즈(Black Hills)에서 금을 발견했어. 블랙 힐즈는 사우스다코타(South Dakota)에서 와이오밍(Wyoming)으로 이어지는 산맥이야. 정착민들은 그 산맥을 개발하고 싶어서 안달이 났지. 하지만 큰 장애물이 있었는데, 바로 아메리카 원주민들이 그곳에서 수천 년 동안 살고 있었다는 거지. 금이 탐욕스러운 정착민들의 눈에 들어온 순간, 불행히도 아무것도 그들을 멈출 수 없었어.

원주민들은 그 땅을 떠나 보호구역으로 이주하는 것을 거부했어. 그렇게 했으면 백인들은 쉽게 그 땅을 차지할 수 있었겠지. 미국 대통령은 법을 지키지 않는 원주민들은 모두 적이라고 선언했어. 다시 한번 싸움이 시작되었지.

앉아 있는 황소(Sitting Bull)는 이런 적대적인 부족들의 지도자였어. 금광 개발을 위한 원정대를 이끌었던 사람은 미국 기갑부대의 조지 커스터(George

Custer)였어. 원주민들이 얼마나 적대적인지 곧 알게 되었지. 1876년에 커스터가 군대를 리틀 빅혼(Little Bighorn) 계곡으로 이끌었을 때 그는 시험공부를 전혀 하지 않은 학생 같았어. 준비가 전혀 안 되어 있었던 거지. 계곡에는 그가 예상한 것보다 훨씬 많은 원주민들이 있었어. 커스터는 그동안 운이 좋았지만, 마침내 그 운이 다하고 말았어. 원주민들은 승리의 표시로 수많은 미군들의 머리 가죽을 벗겨 냈지.

이건 몰랐지?

커스터는 군사학교에서 성적이 좋지는 않았어. 그 전투는 영광스럽고, 커스터의 최후의 보루였다고 생각하는 사람들도 있어. 하지만, 많은 사람들은 그의 자만과 실수가 패배의 원인이었다고 생각하고 있지.

61 캐나다 기마경찰대

1867년, 캐나다는 영국 식민지들로 구성된 나라가 되었어. 6년이 지난 후에, 가장 유명한 기관 중 하나가 출범했지. 바로 왕립 캐나다 기마경찰대(the Royal Canadian Mounted Police)야.

말을 타고 몸에 착 붙는 붉은 재킷과 눈에 잘 띄는 모자를 착용했어. 기마 경찰대는 잘 알아볼 수 있었는데, 이게 꼭 좋기만 한 건 아니야. 나쁜 놈들이 쉽게 눈치채고 도망칠 수 있었거든.

처음에 맡은 임무 중 하나가 불법 위스키를 단속하는 거였어. 경찰대는 캐나다의 험준한 지형을 넘어서 서쪽으로 행군했는데, 포트 후프업(Fort Whoop-Up)으로 가는 도중에 지역 주민들과의 싸움도 있었어. 위스키 거래가 이루어지는 근거지였거든. 경찰대가 도착할 때면, 파티는 이미 끝나 있었을 수밖에.

앉아 있는 황소는 리틀 빅혼에서 커스터의 군대를 물리친 원주민의 지도자인데, 미국 사람들의 복수를 피해 캐나다로 이동했지. 그는 우연히 경찰대와 마주쳤는데, 제임스 월시(James Walsh)라는 경찰과 친해졌어. 제임스는 앉아 있는 황소와 그 부족의 강력한 보호자가 되었어. 캐나다 기마경찰대는 언제나 의지할 만하다니까.

이건 몰랐지?

기마경찰대의 그 유명한 모자는 20세기로 넘어 올 때까지 공식적으로 유니폼의 일부는 아니었어. 20세기가 되어서야 전통적인 흰 피스 헬멧(pith helmet)을 교체했지.

62 제시 제임스

제시 제임스(Jesse James)는 미국 서부 시대의 가장 유명한 무법자들 중 한 명이야. 제시는 범법자가 되기 전에는 남부군의 군인이었어. 가슴에 총을 맞았는데도 살아남았지.

제시와 그의 일당은 은행 강도와 기차를 탈취한 죄로 현상수배 중이었지. 1869년에는 강도질을 하면서 계산원을 총으로 쏴 죽였어. 남북전쟁 도중에 자신의 친구를 죽인 사람으로 착각을 했거든. 아무 죄 없는 사람을 죽인 거지.

제시는 캔자스 시티 타임즈(Kansas City Times)라는 신문에 편지도 썼어. 그를 남부군의 영웅의 모습으로 도배를 했지. 부자들에게 빼앗은 돈을 가난한 사람들에게 나누어 준 의적 로빈 후드처럼 말이야. 당연히 사실이 아니었지. 그 도적 일당은 은행을 털어서 자기들끼리 나누어 가졌거든.

그의 도적질은 1882년에 결국 끝나고 말아. 친구인 밥 포드(Bob Ford)가 제시를 배신했거든. 벽에 그림을 거는 제시의 등 뒤에서 머리에 총을 쏜 거야. 제시는 그림이 똑바로 잘 걸렸나 확인할 시간도 없었어. 이후에 밥은 순회공연을 하고 다녔대. 자신이 저지른 살인행위들을 무대에서 공연했던 거지. 하지만, 1892년에 총에 맞아 죽으면서 공연도 막을 내렸어.

63 OK 목장의 결투

OK 목장에서의 결투는 미국 서부에서의 아주 유명한 사건 중 하나야. 딱 30초 만에 끝났지만!

결투는 1881년 10월 26일 애리조나(Arizona)의 툼스톤(Tombstone)이라는 광산 마을에서 벌어졌어. 한쪽에는 보안관인 와이어트 어프(Wyatt Earp), 그의 두 형제, 그리고 전설적인 도박꾼에 총잡이이면서 치과의사인 홀리데이(Holliday)가 있었어. 그래, 홀리데이는 치과의사가 맞아. 반대편에는 클렌튼(Clanton) 형제와 맥로리(McLaury) 형제가 있었지. 클렌튼과 맥로리는 카우보이였는데, 그 당시에 카우보이는 모욕적인 말이었대. 소도둑놈이란 뜻이었거든.

수많은 서부 영화에서 이 결투를 선과 악의 대결로 보여 주지만, 역사에서 진실이라는 것이 언제나 명쾌하기만 한 것은 아니야. 사실, 와이어트 어프와 그의 일당들도 상대방만큼이나 나쁜 사람들이었다고 해. 표적거리에서 와이어트 일당이 먼저 발사한 것 같은데, 그 '악당들' 중에는 무장하지 않은 사람들도 있었다는 것 같아. 영화에서는 이런 이야기는 말해 주지 않을 거야.

먼지가 가라앉고 30발 정도의 총알이 발사되었을 때 맥로리 형제 그리고 클랜튼 형제 중 한 명이 총에 맞아 죽었지. 클랜튼 형제 중 나머지 한 명은 총이 없는 상태였는데 삼십육계 줄행랑을 쳤지. 아주 현명한 결정이었어.

이건 몰랐지?

와이어트 어프는 나중에 권투 심판이 되었어. 1896년에 자기가 심판을 본 경기에서 승부를 조작했다는 혐의를 받았어. 그는 OK 목장에서의 결투보다 이 불명예스러운 혐의로 더 유명해졌어

전구가 켜지던 순간

발명과 산업 시대

64 산업혁명

18세기와 19세기는 산업혁명의 시기라고 할 수 있지. 증기기관, 새로운 기계와 기술 덕택에 세상은 극적으로 변화하기 시작했어. 기술의 진보는 사회도 발전시켰지만, 그 당시에 공장에서 일하는 것은 아주 고된 일이었다고 해.

작업 환경은 끔찍했어. 낮은 임금을 받으면서 하루에 14시간씩 일해야 했어. 사람들은 비위생적이고 위험한 조건에서 초창기 기계를 이용해서 일했어. 요즘 같은 안전 대책도 갖추지 못한 상태에서 말이지. 수많은 사람들이 다쳐서 병원으로 실려 갔어. 아이들이라고 예외는 아니었어. 위험을 감수하고 기계를 닦기

위해 기계 위로 기어 올라가야 했어. 무서운 탄광 깊숙이 들어가서 일하기도 했고 말이야. 당연히 어른들보다 적은 돈을 받았지. 그뿐만 아니라, 아이들이 실수라도 하면 구타하거나, 무거운 것을 목에 매는 벌을 주었어. 요즘에는 아이들에게 그런 형벌을 주는 것은 상상도 못하지.

생활 환경도 마찬가지였어. 공장에서 일하느라고 피곤하고 지저분한 사람들이 좁은 방을 함께 사용해야만 하는 경우도 있었어. 쓰레기가 거리에 넘쳐났고, 화장실이 없는 경우도 많았지. 하수구는 밖으로 열려 있어서 악취가 도시에 진동했어. 그러니, 더러운 물 때문에 생기는 콜레라 같은 질병이 창궐했지. 우웩!

이 차에서 템스강물 맛이 나는군.

런던에서는 더러운 물과 산업 폐기물이 템스(Thames) 강에 바로 흘러 들어갔는데, 가난한 사람들은 템스강의 물을 마시며 살았어. 물에서 구역질 나는 냄새가 날 수밖에. 이걸 1858년의 '런던의 엄청난 악취' 라고 해. 이런 구역질 나는 냄새가 의회로 흘러 들어갔고, 결국 하수처리를 위한 법안을 시행하게 되었어.

65 화장지

지금은 화장실에서 일을 본 후에 대개 두루마리 휴지를 사용하지만, 과거에도 그랬던 건 아니야. 고대 로마에서는 스펀지를 사용했고, 그리스 사람들은 돌을 사용했어. 물론 부드러운 돌을 사용했겠지만, 아마 많은 돌이 필요했을 수도 있겠지?

오랜 세월 동안 사용된 다른 방법들도 있지. 나뭇잎을 사용하는 것은 아주 쉬운 방법이고, 좀 드물지만 옥수수를 사용하기도 했어. 그렇다고 옥수수를 안 먹을 건 아니지? 뭐…, 그냥 손으로 닦는 사람들도 있었겠지?

14세기 중국의 명나라에서는 화장지를 대량으로 생산하고 있었어. 중국 사람들은 수백 년 동안 휴지를 사용해 온 거지. 서양 사람들이 사용하기 전부터 말이야. 미국에서는 조셉 게이티(Joseph Gayetty)가 1857년에 화장지를 처음으로 도입했어. 이 화장지는 공중화장실에서 사용하는 그런 값싸고 낡은 종이가 아니었어. 향기를 첨가하고 만든 사람의 이니셜도 무늬로 넣었다고 해. 참 고급스러웠겠지!

게이티의 화장지는 원래는 치핵 환자를 위해 판매하던 거였다고 해. 헐~.

66 검은 황금

석유는 검은 황금이라고 불리지. 사람들을 부자로 만들어 주었거든. 자동차, 비행기 연료로 사용하고 공장에서도 사용하지만, 양이 충분하지는 않아. 유감스럽게도 언젠가는 다 쓰고 없어질 거야!

미국에서 최초로 석유 채굴에 성공한 사람은 '미치광이' 에드윈 드레이크(Edwin Drake)라고 해. 1859년의 일이지. 드레이크는 석유를 찾기 위해 여기저기 마구잡이로 땅에 구멍을 내고 다닌 사람이야. 그러니 '미치광이'라는 별명이 붙었겠지. 석유를 찾는데 굉장히 집착했어. 한 군데를 찾기 위해 수개월 동안 땅에 구멍을 내고 다녔다고 하는군. 드레이크는 최초로 석유를 제대로 캐낸 사람이지만, 자신의 방법을 특허로 등록하지 않았어. 남들은 석유로 큰돈을 벌었지만, 본인은 빈털터리가 됐다고 해.

존 데이비슨 록펠러(John Davison Rockefeller)라는 이름을 들어본 적이 있을 거야. 록펠러는 1870년 오하이오 스탠더드 오일 컴퍼니를 세웠는데, 색다른 방법으로 사업을 했다고 해. 경쟁자들을 감시하기 위해 스파이를 고용하기도 했대. 27년 후 은퇴를 했을 때에는 미국에서 가장 큰 부자가 되어 있었지. 10억 달러 상당의 자산을 보유하고 있었다는군. 지금 봐도 정말로 어마어마한 돈인데, 그 당시에는 감도 못 잡을 정도였을 거야.

이건 몰랐지?

존 데이비슨 록펠러 주니어(John Davison Rockefeller Junior)는 록펠러의 아들인데, 세계적으로 유명한 뉴욕 록펠러 센터 설립에 깊숙이 관여한 인물이야.

67 전구의 발명

미국의 발명가 토머스 에디슨(Thomas Edison)은 그 시대를 이끌었던 빛과 같은 존재였어. 전기가 일반 가정에 공급되기까지 에디슨의 공이 컸지. 그리고 수많은 특허 등록을 했어. 전구를 발명한 것은 정말로 고마워해야 할 일이야. 에디슨은 실제로 전구를 발명하지는 않았어. 대신에 1879년에 사용 가능한 전구를 만들어 낸 최초의 사람이지. 불이 켜지지 않는 전구가 무슨 소용이겠어? 에디슨의 첫 번째 전구는 겨우 몇 시간 동안만 불빛을 낼 수 있었다고 해. 밤을 새워가며 숙제를 하기에는 별 도움이 안 될거야. 하지만, 에디슨의 전구는 지속시간이 점점 더 길어졌어.

에디슨이 항상 옳았던 것은 아니야. 경쟁자들과 갈등이 있기도 했지. 그 시대에 또 다른 천재가 있었는데, 바로 니콜라 테슬라(Nikola Tesla)야. 콧수염이 멋졌던 이 남자는 전기를 더 잘 전송하는 방법을 생각해 냈어. 하지만, 에디슨은

“고맙지만, 사양하겠어”라며 간단히 거절했지. 테슬라가 자신의 아이디어를 에디슨의 경쟁자인 조지 웨스팅하우스(George Westinghouse)에게 제안했고, 그래서 ‘전류의 전쟁’이 시작된 거야. 정말로 전쟁을 한 게 아니라는 건 잘 알지? 이 사건은 에디슨의 고약한 성격을 보여 주기도 했어. 에디슨은 경쟁자의 교류 전류는 전기의자에서 범죄자를 처형할 때나 쓸 수 있다고 비난했지. 끔찍하지만, 에디슨은 자신의 의견을 증명하기 위해 개를 이용한 실험도 했어.

에디슨은 전구뿐만 아니라, 축음기도 발명했어. 소리를 녹음하고 재생할 수 있는 기계지. 초창기의 활동사진 카메라도 만들었대.

68 자유의 여신

자유의 여신상은 세상에서 가장 유명한 구조물 중 하나야. 사람들이 미국으로 이주했을 때 가장 먼저 보게 되는 광경이지.

1876년, 프랑스는 자유의 여신상을 미국에 선물할 계획이었어. 미국 독립 100주년을 기념하기 위해서였지. 자유의 여신상이 들고 있는 횃불에는 독립 기념일이 새겨져 있다고 해. 프레데리크 오귀스트 바르톨디(Frédéric Auguste Bartholdi)가 디자인했고, 구스타브 에펠(Gustave Eiffel)이 만드는 걸 도왔다

고 하는군. 구스타브 에펠은 바로 파리의 에펠 탑을 만든 사람이야. 에펠 탑은 1886년에 완공되었으니까 자유의 여신상보다는 10년이 어리네.

여신상은 프랑스에서 만들어진 후에 배를 타고 미국으로 옮겨졌어. 머리가 완성되었을 때에는 1878년 파리 세계 박람회에 전시되었어. 몸은 빼고 머리만! 자유의 여신상은 300개 이상의 조각으로 구성되어 있었어. 조각들을 잘 포장해서 미국으로 운반했지. 배가 폭풍을 만나서 가라앉을 뻔했다고 해.

자유의 여신상은 선물이었지만, 받침대를 만들기 위해 뉴욕 사람들이 돈을 모아야 했다는군. 사람들로부터 돈을 모으는 것은 힘들었지만, 결국에는 해냈지. 지금 생각해 보면, 일종의 크라우드 펀딩이었던 것 같아. 각자 기부하는 적은 돈을 모아서 큰 사업을 진행한 거니까 말이야. 여신상이 세워졌을 당시에는 뉴욕에서 가장 높은 건축물이었어. 자유의 여신상이 언제나 연녹색이었던 것은 아니래. 처음에는 밝은 구리색이었대. 여신상은 구리로 코팅되어 있거든. 녹색을 띠는 건 오랜 세월 구리가 풍화된 결과야.

이건 몰랐지?

자유의 여신상은 시속 80킬로미터의 바람이 불면 약 8센티미터 정도 흔들린다고 해. 2012년 허리케인 샌디(Sandy)가 강타했을 때 여신상은 수개월 동안 폐쇄되기도 했어. 다행히 자유의 여신상은 무사했지. 다친 곳들을 고치는데 수백만 달러가 들었지만 말이야.

69 라이트 형제의 비행

오늘날에는 큰 문제가 없다면 전 세계 어디든 비행기를 타고 날아갈 수 있어. 하지만, 1903년 이전에는 그렇지 못했다는 것은 믿기지 않을 거야. 1903년에 최초의 동력 비행기가 하늘을 날았거든.

라이트(Wright) 형제는 미국 오하이오(Ohio)주 데이튼(Dayton)에서 자전거 가게를 운영하고 있었어. 최초의 비행기를 만들기 전에 글라이더로 테스트를 했대. 프로펠러가 붙어 있는 복엽비행기를 위한 새로운 엔진도 만들어 냈어. 복엽비행기는 날개가 두 개인 비행기를 말해. 하나는 위에 나머지 하나는 아래에 붙어 있지. 윌버(Wilbur)와 오빌(Orville) 형제는 누가 먼저 비행기를 탈지 결정하기 위해 동전 던지기를 했는데 윌버가 이겨서 비행기를 조종했어. 그는 겨우 비행기를 멈출 수 있었지만, 비행기는 부서지고 말았어. 이걸 어쩌나!

비행기를 수리하고 나서 오빌은 성공적으로 이륙했고 최초의 비행을 해냈어. 12초 동안 36미터를 날아서 이동했지. 역사의 한 페이지를 장식하는 순간이었어. 걷는 게 더 나았겠다고 생각할 수도 있어. 하지만, 그날이 저물 때까지 윌버도 비행에 성공했고 비행기는 더 멀리 날 수 있었어.

라이트 형제도 라이벌이 많았어. 그중 하나가 글렌 커티스(Glenn Curtiss)였어. 글렌은 전 스미스소니언 협회장이었던 새뮤얼 피어폰트 랭글리(Samuel Pierpont Langley)가 만든 비행기를 조종했어. 스미스소니언 협회(Smithsonian Institution)는 이 비행기를 '비행이 가능한' 최초의 비행기라고 전시했나 봐. 이 소식에 라이트 형제는 엄청 화가 나서 자신들의 역사적인 비행기를 스미스소니언에 기증하는 것을 거절했지. 대신에 영국 런던에 있는 과학 박물관에 기증해 버렸어.

라이트 형제의 비행이 있고서 66년이 지난 후에 닐 암스트롱(Neil Armstrong)이 인류 최초로 달에 착륙했을 때, 라이트 형제의 비행기에서 떼어낸 천 조각을 주머니에 가지고 갔다고 해.

70 방사능!

마리 퀴리(Marie Curie)는 놀라운 과학자였어. 1903년에 여성으로는 최초로 노벨상을 받았어. 사실, 마리는 노벨상을 두 번 수상했는데, 1911년에 두 번째로 받았지. 남편 피에르(Pierre)와 함께 두 개의 새로운 화학원소를 발견했어. 바로 폴로늄(polonium)과 라듐(radium)이야. 그중에 폴로늄은 폴란드(Poland)에서 이름을 따왔다고 해. 폴란드는 마리의 조국이야. 마리는 '방사능'이라는 개념을 만들어 냈고, 알베르트 아인슈타인과는 친구 사이였어.

퀴리 부부가 연구를 하는 동안 마리는 딱 한 번 아주 값비싼 실수를 했어. 그 당시에는 방사능의 위험성을 아무도 몰랐어. 마리는 어떤 보호장치도 없이 방사능 물질들을 다루었나 봐. 즐거운 마음으로 방사능 물질이 담긴 시험관을 주머니에 넣고 다니거나, 책상 위에 두었다고 해. 그 물질들이 어둠 속에서 빛을 내는 것을 즐겁게 보면서 말이야.

마리는 원칙적인 여성이었어. 라듐을 특허로 등록하거나 라듐을 이용해서 돈 벌 생각을 하지 않았어. 하지만, 다른 사람들은 어떤 형태로든 라듐을 팔았어. 탈모 치료나 배변 활동을 도와주는 약, 이를 하얗게 해주는 치약 같은 것들

로 말이야. 그러니까 방사능 물질로 양치질을 했다는 거야! 판매자들도 마리처럼 라듐을 다루는 기술이 부족했지만, 그들은 운이 좋았어. 불쌍한 마리는 방사능 노출 때문에 66세에 생을 마감했어.

이건 몰랐지?

마리 퀴리가 1890년대에 작성한 논문들에는 아직도 방사능이 많이 검출되어서 안전하게 다룰 수 없대. 마리의 요리책도 마찬가지래. 그래도 라듐이 들어가는 요리법이 적혀있지는 않다는군.

71 뛰뛰 빵빵!

매일 아침 엄마, 아빠가 학교에 태워다 주시지? 우리는 자동차를 타는 걸 당연한 걸로 생각하기 쉽지. 하지만, 항상 그랬던 건 아니야.

1885년에 자동차를 위한 도로는 없었지만, 최초의 자동차는 길 위에 나타났어. 독일의 엔지니어 칼 벤츠(Karl Benz) 덕택이지. 그의 이름을 보면 메르세데스-벤츠(Mercedes-Benz)가 떠오르지? 벤츠가 만든 모터웨건(Motorwagen)은 휘발유를 연료로 하고 바퀴가 셋인 자동차야. 요즘에는 길에서 찾아보기 힘들지만, 이 자동차가 없었다면 학교에 걸어 다녀야 했을지도 몰라.

이런 옛날 자동차들은 열쇠가 아닌 손 크랭크를 이용해서 시동을 걸어야 했대. 추운 아침에 시동을 거는 일은 정말로 힘든 일이었을 거야. 칼의 아내인 버사(Bertha)는 아이들과 함께 모터웨건을 타고 96킬로미터를 운전해서 갔대. 자동차가 얼마나 좋은지 증명하기 위해서 말이야.

최고 속도가 시속 9.6킬로미터였다고 해. 걷는 것보다 조금 더 빠른 속도였던 거야. 아마도 아이들이 이렇게 물었을 거야. "아직 더 가야 해요?"

벤츠는 나중에 디자인을 개선했어. 바퀴를 하나 더 달아서 바퀴가 네 개인 자동차를 만들었지. 그런데, 미국에서 자동차를 대중화시킨 사람은 바로 헨리 포드(Henry Ford)라는 사람이야. 모델 T 자동차는 1908년에 공장 조립 라인을 통해서 생산되었고, 구매가 가능한 최초의 자동차가 되었어. 일주일에 수천 대씩 만들 수 있었으니까.

이건 몰랐지?

세계 최초의 속도위반 통지서를 받은 사람은 월터 아놀드(Walter Arnold)라는 남자야. 1896년에 제한속도가 시속 3.2킬로미터인 구간에서 시속 13킬로미터로 달렸다고 해. 아놀드를 잡은 경찰은 자전거를 타고 있었다는군.

72 알베르트 아인슈타인

학급에서 가장 똑똑한 아이의 지적 능력에 곱하기 1000을 해도 위대한 독일의 과학자 알베르트 아인슈타인(Albert Einstein) 근처에도 못 갈 거야.

물리학에서 아인슈타인이 이룬 업적은 세상을 변화시켰어. GPS(Global Positioning System, 위성항법장치), 초정밀 시계, 레이저 같은 것들을 만들 수 있었던 건 아인슈타인 덕택이지. 빅뱅(Big Bang) 이론이나 블랙홀(black hole)에 관한 지식도 마찬가지야. 그의 이론은 원자폭탄을 만드는 데 간접적으로 도움이 되기도 했어. 만약 방정식 $E=mc^2$ 때문에 고생했다면 아인슈타인을 탓해야 할 거야. 이 방정식은 그 유명한 상대성 이론의 일부거든.

아인슈타인이 연구를 시작했을 때 직업적인 과학자는 아니었어. 특허 사무원으로 일했고, 남는 시간에 논문을 발표했지. 나중에 큰 콧수염에 헝클어진 머리를 하고 구멍 난 스웨터를 입은 그의 모습은 바로 우리가 '괴짜 교수(nutty professor)'를 상상하면 떠오르는 모습이지.

아돌프 히틀러(Adolf Hitler)가 1933년에 권력을 잡게 되자 유대인이었던 아인슈타인은 미국으로 떠나는 게 좋겠다고 생각했어. 아인슈타인은 나치(Nazis)가 원자폭탄을 만들려고 한다는 소식을 듣고 미국도 폭탄을 만들어야 한다고 주장했어. 폭탄이 실제로 사용되었을 때는 후회했다고 해. 그는 전쟁에는 반대했거든. 아인슈타인은 시민의 평등권을 지지했어. 그래서 미국 FBI는 수년간 그의 전화를 도청하고 쓰레기통을 뒤졌다고 해. 아인슈타인은 위대한 과학자이지만, 러시아 스파이일 지도 모른다고 의심한 거야.

이건 몰랐지?

아인슈타인은 자신이 죽으면 화장되기를 바랬어. 그런데, 누군가 그의 뇌를 가져간 거야. 천재성의 비밀을 알아내고 싶었던 거지. 2012년에 뭔가 발견되었어. 아인슈타인의 전두엽 중간 부분에 길쭉하게 솟은 부분이 하나 더 있다는 거야. 전두엽은 뇌에서 계획을 세우고 작동 기억을 담당하는 부분이야. 보통 사람의 뇌에는 세 개만 있는데, 아인슈타인의 뇌는 네 개라는 거지.

73 '가라앉지' 않는 배

RMS 타이타닉(Royal Mail Ship Titanic)은 1912년 당시에 가장 큰 배였어. 길이는 269미터였고 높이는 53미터나 되었고, 3000명이 지낼 수 있는 객실을 갖추고 있었지. 사람들은 항해 전까지는 타이타닉을 '가라앉지 않는 배'라고 불렀어. 그런데, 무슨 일이 생겼는지 알아? 침몰하고 만 거야.

타이타닉은 대서양에서 빙하와 충돌했고, 3시간도 안 되어서 배가 두 동강이 나고 침몰했어. 수많은 잘못을 저지를 충분한 시간이었지. 가장 큰 실수는 출항하기 전에 이미 저질렀어. 구명보트의 수가 승객들의 3분의 1 정도만 간신히 탈 수 있을 정도로 적었어. 아이고! 게다가 첫 번째 구명보트를 바다 위에 띄었을 때 사람들을 충분히 태우지 않아서 자리가 많이 남았어. 아이고!

배 위에 구명조끼는 충분히 있었지만, 바닷물 온도가 영하로 떨어질 정도로

너무 차가워서 별로 쓸모가 없었대. 얼음 같은 바다에서 헤엄치는 것은 정말로 힘들었을 거야. 약 1500명이 죽을 정도로 비극적인 사고였어. 여자들과 아이들을 구명보트에 먼저 실어 내려보냈어. 배 위에 남은 사람들은 간이의자에 앉아서 브랜디를 마시고, 담배를 피우면서 배와 함께 물속으로 가라앉았어.

구명보트에는 사람들을 태울 공간이 부족했을 거야. 하지만, 개 3마리는 무사히 구명선을 탔지. 작은 강아지들이라서 자리를 많이 차지하지는 않았을 거야.

전쟁의 시대 파트1

1차 세계대전

74 참혹했던 참호

1차 세계대전은 1914년 여름에 터졌어. 영국, 프랑스, 러시아, 세르비아와 미국이 연합했는데, 미국은 1917년에 합류했어. 반대 진영에는 독일, 오스트리아-헝가리 제국, 오스만(Ottoman Turks) 제국이 동맹했어. 양쪽 모두 전쟁이 크리스마스 전에는 끝날 줄 알았지. 예상과는 달리 전쟁은 4년이나 계속되었고, 서부전선에서 꽤 오랫동안 교착상태에 빠져 있었지. 각 진영에서는 긴 참호를 파고 대치했어. 참호는 프랑스와 벨기에를 가로지르고, 북해에서 스위스 국경까지 다다랐어. 서로가 더 많은 영토를 확보하기 위해 애쓰고 있었지만, 전선은 3년

동안 서로의 진영으로 16킬로미터 이상 이동하지 않았다고 해. 정말로 지루한 상태였던 거지.

진흙탕에 있던 참호들은 정말로 지저분했어. 시체가 방치되어 있었고, 화장실은 오물로 넘쳐흘렀지.거대한 쥐가 마구 돌아다니기도 했어. 목욕 시설도 없어서 사람들은 씻지도 못했대. 이가 사람들의 온몸에 가득해서 몸을 긁다 보니 결국엔 전염되는 열병이 돌았어.

쪽잠이라도 잘 수 있으면 정말 운이 좋은 거였지. 적과의 거리가 겨우 46미터 정도인 곳도 있었거든. 서로의 참호가 마주하고 있는 지역은 '무인지대(No Man's Land)'라고 불렸어. 병사들은 "위로 올라가"라는 명령을 정말로 두려워했어. 참호 밖으로 나가서 기관총과 대포로 무장한 적을 향해 진격하라는 명령이었거든. 명령을 따르지 않으면 자기편 총에 맞아 죽어야 했어. 선택의 여지가 없었던 거지.

75 축구 경기

전방에서의 전투가 아주 잠깐 멈춘 적이 있었어. 바로 1914년 크리스마스 때였지. 크리스마스 휴전은 군인에게 내려진 명령을 어기는 거였지만, 가끔은 시키는 대로 하지 않는 게 좋을 때도 있는 거 아니겠어?

독일군은 맥주를 마시고 크리스마스트리를 만들었지. 크리스마스이브에는

〈고요한 밤〉을 불렀어. 영국군도 함께 말이지. 병사들은 서로에게 오늘 하루는 무의미한 총질과 살인을 멈추자고 소리쳤을 거야. 그래야 크리스마스 아니겠어?

크리스마스 당일에는 몸서리쳐질 정도로 고요했어. 각 진영의 장교들이 '무인지대'에서 만났고, 크리스마스 휴전에 합의했지. 병사들은 전날까지도 서로에게 총을 쐈었지만, 크리스마스 때에는 서로의 적에게 인사를 건넸지. 독일군은 영국군에게 맥주를 주었고, 영국군은 자두로 만든 푸딩을 건넸어. 무인지대에서는 축구 경기가 열렸지. 경기규칙을 잘 지킨 것 같지는 않았지만 말이야.

크리스마스가 지나고 전투가 다시 시작되었을 때 가여운 병사들의 마음이 어땠을지 상상할 수 있을까?

크리스마스 정신에 반대했던 병사가 있었는데, 그 이름이 아돌프 히틀러(Adolf Hitler)였대. 동료들에게 휴전에 대해 화를 냈다고 하는군.

76 갈리폴리

1차 세계대전은 몇몇 영국 식민지에는 나쁜 소식이었어. 그들도 참전해야 했거든. 앤잭(Anzac)은 오스트레일리아와 뉴질랜드 연합군을 일컫는 말이야. 앤잭은 1915년에 갈리폴리 전투에 참가해야 했어. 전투가 지지부진하게 교착 상태였거든. 연합군은 콘스탄티노폴리스를 점령하기로 결정했어. 이곳은 오늘날 터키의 이스탄불인데, 그 당시에는 무너져 가는 오스만 제국의 수도였지.

갈리폴리 전투는 정말로 끔찍했어. 연합군은 전투에 쉽게 이길 거라고 생각해서 많은 준비를 하지 않았어. 지휘관들은 주저하며 많은 실수를 저질렀지. 연합군은 바다를 통해 상륙했어. 해변의 한쪽은 앤잭이 맡았고, 반대편은 영국군

이 상륙했지. 그런데, 몇몇 전함들이 기뢰를 맞고 침몰했어. 병사들이 마침내 상륙했지만 해변을 넘어서 전진할 수는 없었지.

그때부터는 또다시 참호 전투가 시작되었지. 연합군이 정말로 피하고 싶었던 상황이 되어버린 거야. 그나마 긍정적인 면이 있다면, 연합군이 패배를 인정하고 후퇴를 잘 했다는 거지. 도망가는 것처럼 하면서 오스만 군대를 공격했어. 무사히 후퇴할 수 있도록 오스만 군대를 잘 속인 거지.

이건 몰랐지?

영국 해군의 최고 사령관이었던 윈스턴 처칠은 갈리폴리 전투의 패배에 대한 비난을 감수해야 했어. 결국 자리에서 물러났지. 처칠은 "나는 끝났어!"라고 말했지만, 사실은 그렇지 않았어. 처칠은 2차 세계대전 때 다시 돌아왔거든.

77 붉은 남작

비행기가 주요한 전투에 처음으로 등장한 때는 바로 1차 세계대전 기간 중이었어. 파일럿은 하늘 위의 기사라고 할 수 있어. 붉은 남작이라고 불리던 독일의 파일럿, 만프레트 폰 리히트호펜(Manfred von Richthofen)은 전설적인 존재였지.

날개가 두 개 달린 복엽기는 붉은 남작에게는 부족했나 봐. 그는 날개가 셋인 삼엽 비행기를 타고 다녔어. 연합군 입장에선 그 비행기를 보는 날은 정말로 재수 옴 붙은 날이었지. 그는 80개의 적기를 격추시켰는데, 그중에는 최고의 파일럿들이 조종하는 전투기들도 있었어. 붉은 남작은 플라잉 서커스(Flying Circus)라고 불리는 전투 비행단을 이끌었어.

파일럿들이 하늘에서 싸우는 '공중전'은 '개싸움(dog fights)'이라고 불렸어. 물론, 정말로 개가 싸운다는 거는 아니지! 전쟁 초반에는 파일럿들은 권총을 서로에게 쐈다고 해. 기관총은 자신의 전투기 프로펠러를 맞추지 않는 방법을 찾은 후에 추가되었지.

오르막이 있으면 내리막이 있는 법! 어느 누구도 붉은 남작에게 대적할 수 없었지만, 그도 결국 하늘에서 떨어지고 말았어. 1918년의 일이야. 오스트레일리아의 포병에 의해 사살되었다고 해. 영국 공군은 캐나다 파일럿의 공이라고 했지만 그의 마지막에 대해서는 의견이 분분해.

이건 몰랐지?

전쟁 초반에는 비행기는 주로 정찰 임무를 수행했어. 파일럿들은 종종 길을 잃었는데, 착륙해서 길을 물어봤다고 하는군.

78 러시아 혁명

1차 세계대전 기간에 러시아는 상황이 좋지 못했어. 수많은 사람들이 생포되거나 살해당했고, 식량 부족도 심했어. 당시 직접 군대를 지휘했던 황제 니콜라이 2세는 현명한 사람은 아니었나 봐. 러시아 입장에선 아주 불행한 일이었지. 그가 직접 군대를 지휘하러 나가자 그의 아내였던 알렉산드라의 영향력이 커졌어. 알렉산드라는 '미친 수도사'라고 알려진 그리고리 라스푸틴(Grigori Rasputin)에게 많이 의존했어. 라스푸틴은 아주 이상한 생각을 하는 사람이었어. 결국에는 1916년에 살해당하고 말아.

1917년 2월, 수많은 노동자들이 파업을 했어. 사람들은 거리를 점령했고 빵을 달라고 요구했어. 군대엔 발포 명령이 내려졌지만, 그들도 지긋지긋하다고 생각했나 봐. 무슨 일이 생겼을까? 바로 혁명의 순간인 거지. 정부는 전복되었고, 니콜라이 2세는 왕위에서 내려왔고 결국 나중에 처형되었어. 임시 정부가 일을 잘하지 못하자 또 다른 혁명이 일어났고, 이번에는 급진적인 집단인 볼셰비키(Bolsheviks)당이 권력을 차지했지. 볼셰비키당을 이끄는 사람은 블라디미르 레닌(Vladimir Lenin)이었어. 레닌은 독일과 화해했고, 러시아는 내전에 돌입했지.

79 새로운 무기들

새로운 무기와 기술들이 1차 세계대전 동안 많이 등장했어. 탱크는 1916년에 처음 전투에 나왔는데, 그야말로 충격이었지. 전쟁이 막 시작되었을 때만 해도 전쟁터에서 말을 타는 모습은 흔한 장면이었거든.

안타깝지만 독가스도 무기로 사용되기 시작했어. 특히 참호 속에서 힘들게 싸우는 불쌍한 병사들을 죽이기 위해 말이지. 독일군이 염소(chlorine)가스를 처음 사용했을 때에는 막을 방법이 전혀 없었어. 그나마 할 수 있는 유일한 방법이 오줌에 절인 헝겊으로 얼굴을 덮는 거였어. 비행선은 새로운 여행 수단이었는데, 독일군은 비행선을 띄워서 영국에 폭탄을 떨어뜨리려고 했지. 하지만, 체펠린(zeppelin)이라고 불리던 이 비행선은 치명적인 단점이 있었어. 비행선을 띄우기 위해 수소 가스를 가득 채워야 했다는 거지. 수소 가스는 아주 불이 잘

붙거든. 영국 파일럿들은 체펠린 비행선에 폭발성 탄약을 쏴서 하늘에서 터트려 버렸지.

잠수함은 이미 미국 남북전쟁 때에 사용되었지만, 유-보트(U-boats)라고 불리던 독일의 잠수함들은 1차 세계대전 동안에 특히 엄청난 위력을 발휘했어. 하지만, 독일군은 영리하지 못했던 것 같아. 유-보트가 미국의 배를 침몰시켰고, 이 사건은 결국 미국이 1차 세계대전에 참전하게 만들었어. 1917년의 일이야.

이건 몰랐지?

체펠린은 소시지와 같이 소의 창자로 만들어졌어. 한동안 독일에서는 소시지를 만드는 것이 금지됐다는군.

광란의 1920년대와 대공황의 1930년대

1차 세계대전과 2차 세계대전 사이

80 여성 참정권 운동

여자들에게 투표권이 허용되지 않는 세상을 상상해 본 적이 있어? 20세기로 들어설 때에도 영국과 미국을 포함하여 여성들이 투표권을 가지지 못한 나라가 많았어. 용기 있는 몇몇 여성들이 여자도 남자와 동등한 투표권을 가질 충분한 권리가 있다고 선언했지.

영국에서 에멀린 팽크허스트(Emmeline Pankhurst)는 점잖은 캠페인 방식

은 효과가 없다고 생각했어. 에밀리는 여성 사회 정치 연맹(Women's Social and Political Union)을 결성했고, 소속 회원들은 여성 참정권 운동가(suffragettes)라고 불리었지. 여성의 투표권을 쟁취하기 위한 에멀린의 방식은 여성스럽지 않았어. 공공기물들을 파손하고, 방화를 저질렀어. 결국 에멀린과 몇몇 운동가들은 감옥에 갇히게 되지. 그들은 감옥에서 단식투쟁을 이어갔고, 그들의 요구에 대한 대답은 강제 급식이었어.

1908년, 런던 하이드 공원에는 약 50만 명의 운동가들이 모였지. 몇몇 여성 운동가들은 스스로 난간에 몸을 묶었고, 다우닝 스트리트(Downing Street)에 있는 영국 총리의 관저 창문을 깨부수었지. 총리의 관심을 끌기 위해서 말이야. 운동가들은 스스로를 지킬 줄도 알았어. 주짓수를 배웠거든.

이후 몇 년간 이런 저항과 폭력 충돌을 겪은 후에 21세 이상의 모든 영국 여성들이 투표할 권리를 쟁취하게 되지. 이게 1928년의 일이야. 미국은 여성 투표

권 문제에 있어서는 조금 더 앞섰던 것 같아. 1920년에 여성들이 투표권을 갖게 되었거든. 그런데, 최초로 여성이 투표할 권리를 갖게 되는 나라는 뉴질랜드인데, 1893년부터였다는군.

이건 몰랐지?

에밀리 데이비슨(Emily Davison)은 가장 유명한 여성 참정 운동가 중 하나야. 1913년 6월, 엡섬 경마 대회(Epsom Derby)에서 왕의 말 앞을 가로막았거든. 에밀리는 대의를 위해 비극적으로 생을 마감했어.

81 광란의 20년대

광란의 20년대는 미국에서는 굉장한 시기였어. 어떤 사람들에게는 살기 좋았을 수도 있어. 미국은 정말로 호황을 경험했거든. 거리는 자동차로 가득 찼고, 뉴욕의 엠파이어 스테이트 빌딩(Empire State Building)이나 크라이슬러 빌딩(Chrysler Building) 같은 건물들이 건설될 예정이었어.

라디오는 아주 새로운 형태의 즐거움이었어. 재즈는 요즘의 대중음악처럼 되었지. 사람들은 찰스턴(Charleston)이나 린디 홉(Lindy Hop)과 같은 새로운 춤을 추었어. 이름이 참 재미있지?

고리타분한 옛날 사람들은 싫어할 만한 옷차림을 하고 다니는 여자들도 있었어. 머리를 짧게 자르고, 짧은 치마를 입고 다니면서 신나는 시간을 보내는 여자들이었는데, 1920년대의 '신여성들(flappers)'이라고 불리었지.

영화도 인기를 끌었는데, 대부분은 무성 영화였어. 3D 영화는 상상도 못했을 거야!

최초의 유성 영화인 〈재즈 싱어〉가 1927년에 처음 극장에서 상영되었지. 하지만, 시골에 사는

사람들은 해당 사항이 없는 얘기였어. 광란의 20년대가 가져온 혜택들은 대부분 대도시에 관한 것들이었으니까.

이건 몰랐지?

베이브 루스(Babe Ruth)는 1920년대에 뉴욕 양키스 소속의 야구 선수였지. 베이브는 야구장에서만 빨랐던 것은 아니야. 운전석에서도 아주 빨랐나 봐. 시속 42킬로미터로 달리다가 과속으로 잡히기도 했거든. 감옥에서 나오자마자, 곧장 야구장으로 달려갔다는군.

82 알 카포네

광란의 20년대는 공교롭게도 미국의 금주법 시대와 일치해. 금주법은 술을 법으로 금지한다는 뜻이지. 사람들은 법을 무시하고 불법적으로 술을 파는 곳에서 술을 사 마셨어. 정부는 술에 대한 세금을 많이 거두지 못했고 대신에 범죄자들이 엄청난 돈을 벌었지.

1920년대의 범죄자들 중에서 가장 유명한 사람이 시카고 폭력배인 알 카포네(Al Capone)야. 알 카포네는 매스컴을 피하지 않는 새로운 유형의 범죄자였어. 정장을 차려입고, 새끼손가락에는 다이아몬드 반지를 끼고 다녔어. 웨이터들한테 팁도 두둑하게 주기도 했지. 알 카포네는 언론에 의해 '스카페이스(scarface)'라고 불리기도 했는데, 어릴 때 패싸움하다 얼굴에 생긴 상처 때문이야. 그의 범죄 사업의 규모는 수백만 달러 이상이었다고 해.

알 카포네의 경쟁자가 되는 것은 피해야 하는 일이었어. 카포네는 경쟁자들을 총알로 정리해 버렸거든. 부하들을 경찰처럼 옷을 입게 한 후에 노스 사이드 갱(North Side Gang)이라고 불리는 아일랜드계 폭력 조직에 기관총으로 난사한 사건은 아주 유명하지. 1929년 밸런타인데이에 있었던 일인데, 아주 로맨틱하지는 않은 일이네.

전체적으로 카포네는 400건의 살인 사건에 관여했다고 해. 그런데, 무슨 이유로 감옥에 갔는지 알아? 바로 세금을 안 내서였다는 거야!

83 대공황

광란의 20년대는 1929년에 월 스트리트의 주식시장이 붕괴하면서 갑자기 끝났어. 그러고 나서 대공황이 이어졌지. 수많은 미국인들이 직장과 집을 잃었어. 미국은 유럽 국가에 빌려준 돈을 회수하려 했고, 유럽 국가들도 대공황으로 고통을 받게 되었어.

미국에서는 물가가 너무 떨어져서 농민들은 농작물과 고기들이 농장에서 썩게 두었어. 팔아도 손해였거든. 그리고 굶어 죽을 위험에 처한 사람들도 생겨났지. 엎친 데 덮친다고 거대한 먼지 폭풍이 대평원을 강타해서 극심한 가뭄이 발생했어. 땅이 너무 건조해져서 농사는 꿈도 꿀 수 없는 지경이 된 거야.

도시에서는 사람들이 빵과 수프를 배급받기 위해 줄을 섰어. 심지어는 알 카포네가 수프 가게를 열어서 사람들을 도울 정도였으니 상황이 정말로 심각했지. 물론 카포네가 감옥에 가기 전의 일이야. 경제를 정상으로 돌리기 위해서 프랭클린 루즈벨트(Franklin D. Roosevelt) 대통령은 뉴딜 정책을 펼쳤어. 그런데, 미국을 대공황에서 벗어나게 한 것은 바로 2차 세계대전이야. 전쟁 때문에 결과적으로 미국의 산업이 성장했어. 세상일은 참 모를 일이야.

이건 몰랐지?

주식 시장이 무너지고 있다는 소식이 퍼졌을 때 은행으로 달려가서 가진 돈을 모두 찾은 사람들도 있었어. 상황이 더 악화되어서 은행들도 파산하게 되었지.

전쟁의 시대 파트2

2차 세계대전

84 나치의 악행

1933년, 나치당의 지도자였던 아돌프 히틀러(Adolf Hitler)는 독일에서 권력을 차지했어. 히틀러는 권력 유지를 위해 정치적으로 경쟁하는 정당들을 금지시키기로 결정했어.

히틀러는 요제프 괴벨스(Joseph Goebbels)와 하인리히 힘러(Heinrich Himmler)의 강력한 도움으로 스스로 총통의 자리에 올랐어. 독일을 다시 강대국으로 만들기 위한 노력을 시작했지. 미친 폭군의 눈에는 힘이라는 것이 어떤 모습으로 보였을까? 히틀러가 폴란드를 침공하면서 2차 세계대전이 시작됐

다고 볼 수 있어. 히틀러는 원하는 결과를 얻기 위해 비밀경찰인 게슈타포(Gestapo)를 이용해서 사람들을 위협하고, 고문하고, 협박하고, 증거를 조작했어.

나치는 자기들이 생각할 때 부적절해 보이는 책들은 모두 불태웠어. 예를 들면, 유대인 과학자이면서 천재인 아인슈타인이 쓴 책들이었지. 우리도 가끔은 교실에서 그렇게 하고 싶을 때도 있지만, 이건 정말로 나쁜 일이었지.

히틀러, 괴벨스 그리고 힘러는 키가 크고, 푸른 눈과 금발을 가진 사람들인 아리안족이 '지배자 민족'이고 우월하다고 믿었어. 그런데, 족제비처럼 생긴 세 사람은 모두 이렇게 생기지 않았어. 이런 기준에 맞지 않는 사람들은 정말 끔찍한 일을 당했어. 물론 오스트리아에서 태어난 히틀러와 그의 친구들은 예외였지. 수백만 명의 사람들이 죽음의 수용소로 끌려갔고 다시 돌아오지 못했어. 특히 유대인들이 많았어.

이건 몰랐지?

나치는 아주 나쁜 짓을 많이 했어. 조지 루카스(George Lucas)는 스타워즈 영화에서 악의 제국을 만들 때 나치를 생각했다고 해. 다스 베이더(Darth Vader)의 스톰트루퍼스(stormtroopers)도 스톰 트루퍼스(storm troopers)라고 불리던 나치의 어느 부대의 이름에서 따왔다는군.

85 윈스턴 처칠

1940년 5월 나치의 공격으로 유럽은 다시 전쟁의 소용돌이에 휘말렸어. 바로 2차 세계대전이 시작된 거지. 상황은 암울해 보였어. 조그만 수염을 달고 있는 미친 괴물인 히틀러가 이끄는 독일 나치는 유럽을 빠른 속도록 정복하고 있었거든. 영국에서는 윈스턴 처칠(Winston Churchill)이 총리가 되었어. 영국과 영국의 식민지 국가들은 독일에 단독으로 맞서야 했어. 최소한 미국과 소련(USSR)이 참전하기 전까지는 말이지. 전쟁에 임하는 처칠의 생각은 아주 분명했어. 처칠은 "우리는 결코 항복하지 않는다"고 선언했고 자신의 말을 실천했지만, 항복하는 것도 방법이라고 생각하는 사람들도 있었어.

처칠은 연설을 아주 잘했어. 그의 연설은 전쟁 중에도 영국 사람들의 기운을 북돋아 주었지. 그는 나비넥타이를 하고 모자를 쓰고, 담배를 문 채로 승리의 'V'로 경례했어. 그의 모습은 참 인상적이었지. 처칠은 런던의 지하에 있던 전쟁 내각실(Cabinet War Rooms)에서 전쟁을 지휘했어. 그러니까 독일군의 공격은

효과가 없었지.

유럽에서 연합군이 독일을 물리쳤을 때 처칠은 가장 유명한 승리를 거두게 되었지. 이 승리가 마지막이었어. 처칠은 그 해에 영국에서 있었던 선거에서 패배했고 총리에서 물러났거든.

나치는 처칠을 죽이기 위해 교활한 계획을 짰어. 초콜릿 바처럼 생긴 폭탄을 이용해서 말이야. 그의 입맛을 겨냥한 것은 좋은 생각이었지만, 영국 첩보원이 막아냈지.

86 전격 작전

2차 세계대전 동안 영국 사람들은 공습 사이렌 소리를 아주 무서워했어. 공습경보는 독일 전투기들이 곧 폭격할 거라는 의미였으니까. 영국 사람들은 이런 공습 사이렌 소리를 '독일의 우는 폭탄(Moaning Minnies)'이라고 불렀어. 사이렌 소리가 그렇게 들렸나 봐.

전격 작전(번개처럼 빠르게 적을 기습하는 작전) 동안에, 독일군은 정말로 열심히 공격했어. 57일 연속으로 런던을 폭격했어. 영국의 많은 다른 도시들도 상황이 안 좋았어. 방독면이 보급되었고, 방공호를 지었지. 사람들은 방공호에서 많은 시간을 보냈으니까 사실상 거기서 살다시피 했지.

런던 지하철역들은 방공호처럼 사용되었고, 많은 사람들이 지하철역에서 생활했지. 아침에 출근하는 사람들은 지하철을 타기 위해서 잠자는 런던 사람들 위로 다닌 거라고 할 수 있지.

밤에는 전기를 끊어야 했어. 폭격기가 불빛을 찾을 수 없게 말이지. 아주 캄캄한 어둠만이 있을 뿐이었어. 얼마나 무서웠을까!

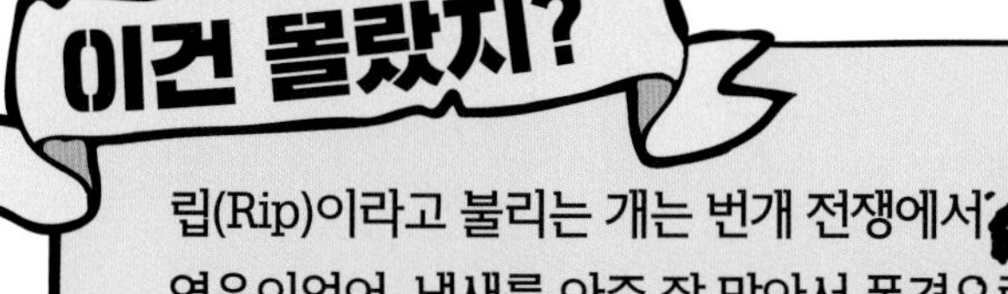

립(Rip)이라고 불리는 개는 번개 전쟁에서 영웅이었어. 냄새를 아주 잘 맡아서 폭격으로 무너진 건물들의 잔해 아래에 갇힌 사람들을 찾아냈거든. 립은 100명이 넘는 사람들을 구해냈고, 그런 노고를 인정하는 훈장도 받았어.

87 잠자는 거인을 깨우다

1941년 12월에 일본은 정말로 멍청한 짓을 저질렀어. 일본과 독일이 연합하는 동안에도 미국은 전쟁에서 한 발짝 물러서서 참전하지 않고 있었어. 미국과 일본 사이에 긴장감이 높아지긴 했지만, 아주 심각하진 않았어. 적어도 일본이 선전포고 없이 하와이에 있는 진주만을 몰래 공격하기 전까지는 말이야. 미국인 수천 명이 죽고 다쳤어. 배와 비행기들이 파괴되었지. 하지만, 문제는 미국을 KO 시킬 정도는 아니었다는 거야. 일본은 미국이 쓰러지길 바랐겠지. 미국은 즉시 일본에 전쟁을 선포했어. 독일과 이탈리아는 동맹국 일본을 지지하고 미국에 대해 전쟁을 선언했지. 미국도 마찬가지로 그들에게 전쟁을 선포했어. 일이 그렇게 된 거야!

이제 미국은 2차 세계대전의 태평양 전쟁의 일부가 되었어. 참전하고 3년이 지났을 때 미국은 엄청나게 강력한 신무기를 사용하기로 결정했어. 그게 바로 히로시마와 나가사키에 투하된 원자 폭탄이야. 원자 폭탄은 일본 사람들에게는 아주 비극적인 결말이었어. 도시의 90퍼센트가 완전히 파괴되었다고 해. 8만 명의 사람들이 폭발과 함께 사망했고, 이후에 수만 명이 방사능 노출로 죽고 말았지.

2차 세계대전이 끝나고 29년이 지난 1974년에 마지막 일본 병사가 항복했어. 필리핀에 있는 어느 섬의 정글에 숨어 있었고, 전쟁이 끝난 걸 몰랐던 거야.

88 배급

바다에서의 전쟁은 적의 잠수함과 전함들이 보급로를 차단할 수도 있다는 것을 의미해. 식량과 물자가 부족해서 전쟁에 참여한 모든 나라들이 어려움을 겪고 있었지. 사람들에게 쿠폰을 나누어 주었어. 살 수 있는 버터, 고기, 설탕, 차(tea) 같은 것들의 양을 통제하기 위해서였지. 심지어는 옷 같은 것들도 배급을 받았다고 해. 영국에서는 전쟁이 끝나고 9년이 지날 때까지 배급을 멈추지 않았어.

바나나 같은 것들은 거의 찾을 수 없었다고 해. 영국에서 멀리 떨어진 곳에서 가져와야 했거든. 바나나 한 개를 경매로 5파운드(£)에 판 사람도 있었대. 그 당시에 영국에서는 일주일에 5파운드도 벌지 못하는 사람들도 있었으니까, 5파운드가 얼마나 큰돈이었는지 알겠지?

영국에는 '식품부'라는 정부 기관도 있었어. 신문에 광고도 내고, 배급을 더 오래 지속시키는 방법을 보여주는 영화를 만들기도 했지. 고기와 콩팥도 없이 스테이크 키드니 파이(steak and kidney pie)를 만드는 마법의 요리법도 만들어 냈지.

사람들에게 채소를 직접 재배하도록 권장했는데 식품부는 '승리를 위한 밭갈기'라고 불렀지. 〈감자맨〉이나 〈당근 박사〉 같은 만화를 만들어 아이들에게 홍보했지만, 아이들이 그런 만화들을 꼭 좋아했던 건 아니야. 채소는 별로 먹고

싶지 않다고? 글쎄, 먹을 게 채소뿐이라면 생각이 달라질걸?

이건 몰랐지?

이 당근들은
문제가 있네!
아무것도
안 보여!

당근이 눈에 좋다는 말은 2차 세계대전 중에 영국에서 만들어진 말이야. 독일이 야간 공습을 해서 밤에는 정전을 했거든. 영국에서는 당근을 먹으면 어두운 곳에서도 잘 볼 수 있다고 홍보하는 포스터를 만들었지. 당근은 비타민 A를 함유하고 있는데, 비타민 A는 어두운 곳에서도 눈이 잘 보이게 도와주거든. 비타민 A가 부족하면 야맹증이 생길 거야. 당근을 먹으면 시력에 도움이 된다고 해. 물론 건강한 일반적인 사람들에게 해당하는 말이야

89 전쟁에서 승리하는 다른 방법들

독일의 메서슈미트(Messerschmitt)와 영국의 스핏파이어(Spitfire) 같은 전투기들이 하늘에서 싸웠지만, 전쟁에서 싸우는 다른 방법들도 있었어.

정치적 선동은 큰 역할을 했지. 라디오 방송, 뉴스 기사, 포스터 같은 것들을 만들어서 국민의 사기를 끌어올리고, 적을 비난했어. 심지어는 영화도 만들었어. 미국에서는 강한 여성을 상징하는 '리벳을 조이는 로지'의 포스터가 유행

했어. 팔소매를 걷어 올리면서 "우리는 할 수 있다!"라고 외치고 있지. "입을 열면 배가 침몰한다"라고 병사들에게 경고하기도 했어. 비밀이 새지 않게 말조심하라는 거지.

영화도 거들었어. 할리우드는 나치에 반대하는 영화를 열심히 만들었어. 독일도 자신들만의 영화 산업이 있었지만, 독일의 유명 여배우인 마를레네 디트리히(Marlene Dietrich)는 독일에 반대하는 활동을 했고 할리우드로 날아갔지.

영국에서는 엄청나게 똑똑한 사람들이 적군의 암호해독에 매달렸어. 연합군의 전함들이 대서양에서 독일의 무시무시한 유-보트를 피할 수 있게 말이지. 이 천재들은 결국 암호해독을 위한 전자 장치인 콜로서스(Colossus)를 만들어 냈어. 아주 초기 단계의 컴퓨터라고 할 수 있지. 하지만, 이 거대한 컴퓨터를 가지고 비디오 게임을 할 생각은 꿈도 꾸지 않는 게 좋아.

이건 몰랐지?

나치의 선동 전단지는 영국 병사들을 목표로 했어. "미국 사람들은 돈과 시간이 넘쳐나서 당신들 여자친구 꽁무니를 쫓아다닐 거야!"라고 경고했어.

별을 향해 손을 뻗다

1950년대 - 70년대

90 에베레스트

에베레스트(Everest)산은 세계에서 가장 높은 산이야. 등반가들에게는 오랫동안 선망의 대상이었지. 사람들은 1924년에 영국의 등반가 조지 맬러리(George Mallory)에게 질문했어. 왜 수많은 사람들이 에베레스트를 정복하고 싶어 하는지 말이야. 그의 대답은 간단했어. "산이 거기에 있으니까." 맬러리는 에베레스트를 오르는 중에 실종되었고, 다시는 돌아오지 못했어. 사람들은 그가 정상에 올랐는지 궁금해했어.

뉴질랜드 등반가 에드먼드 힐러리(Edmund Hillary)와 그의 티베트 친구 텐징 노르게이(Tensing Norgay)는 1953년에 에베레스트 정상에 올랐고, 살아서

돌아왔어. 정상에서 내려다보는 사진을 찍었는데, 꼭대기까지 올랐다는 증거라고 할 수 있지. 그 두 사람은 에베레스트 정상에 겨우 15분간 머물렀다고 해.

에드먼드와 텐징은 영국 엘리자베스 2세의 대관식 하루 전에 산 정상에 도착했어. 겹경사라고 하기에 충분했지. 그 뉴질랜드인은 여왕으로부터 기사 작위를 받아서 에드먼드 힐러리 경(Sir Edmund Hillary)이 되었고, 노르게이는 조지 훈장(George Medal)을 받았다고 해. 네팔 사람은 기사 작위를 받을 자격이 되지 않았기 때문이래.

이건 몰랐지?

맬러리가 실종된 지 75년이 지난 1999년에 그의 시신이 어느 등반대에 의해 발견되었어. 징이 박힌 등반화와 1920년대의 최신식 등반 장비는 그가 남긴 선물처럼 되었어. 맬러리는 정상에 도달하고 내려오는 길이었을까? 아니면 계속 오르던 중이었을까?

91 엘비스

간단히 말해 엘비스 프레슬리(Elvis Presley)는 '로큰롤의 제왕'이지. 잘생긴 외모에 미끈거리는 헤어스타일로 1950년대 세상을 평정했어. 그의 현란한 엉덩이춤은 요즘에는 별로일 수도 있지만, 그 당시에는 충격적이었지. 오죽했으면 화

려한 엉덩이춤이 텔레비전에 나오지 못하게 상체 움직임만 촬영했겠어. 아이들은 아주 좋아했지.

엘비스의 음반 판매량은 대단했어. 그 당시에는 음반으로 음악을 들었는데, 다운로딩이나 스트리밍 서비스가 없었거든. 엘비스는 실내 폭포가 있는 저택에 살았고 영화에도 출연했어. 엘비스는 다 가진 것처럼 보였어!

엘비스도 군대에 입대했어. 일반 병사들처럼 군 복무를 하고 싶어 했거든. 헐리우드에 점점 싫증이 날 무렵 엘비스는 음악계와 텔레비전에 컴백했고, 자기만의 독특한 점프 수트를 입기 시작했어. 1968년도의 일이야. 하지만 1970년대에는 이 아이돌 스타에게 상상도 할 수 없는 일이 벌어지지. 너무 많이 먹어서 살이 엄청나게 불어난 거야. 슬프지만 1977년 42세의 나이에 욕실에서 죽은 모습으로 발견되었어.

엘비스가 가장 좋아하는 음식은 풀스 골드 로프(Fool's Gold Loaf) 샌드위치였어. 빵 안에 땅콩버터, 젤리와 베이컨을 채운 음식이야. 풀스 골드 로프를 하나 사기 위해 개인 전용기로 이동한 적도 있다는군.

92 카스트로의 쿠바

피델 카스트로(Fidel Castro)와 체 게바라(Ernesto Che Guevara)는 쿠바 혁명을 이끌었어. 1959년에 독재자 바티스타(Batista) 대통령 정부를 무너뜨렸지. 카스트로와 체 게바라는 쿠바 국민들에게는 모두 영웅이야. 체 게바라는 아주 유명해서 혁명 정신을 따르고 싶어 하는 전 세계 대학생들이 그의 얼굴이 있는 티셔츠를 입을 정도였어.

피델은 시가(cigar) 담배와 공산주의를 사랑했고, 미국을 싫어했어. 이런 감정은 미국도 마찬가지였어. 그러니 미국은 피델이 소련과 친하게 지내는 것이 못마땅할 수밖에! 소련은 USSR(Union of Soviet Socialist Republics)을 말하는데, 러시아를 일컫는 말이야. 피델 카스트로를 암살하려는 시도가 634번이나 있었고, 주로 CIA가 주도했어. 피델은 모든 암살 시도에서 살아남았지. 어떤 암살 시도가 있었을까? 시가 담배 폭탄으로 죽이려 한 적도 있었고, 양복 정장에 독을 묻히기도 했어. CIA는 심지어 어떤 가루를 이용해서 그의 수염을 모두 뽑아버리는 방법까지도 생각했었대. 수염이 없으면 피델의 인기가 줄어들 거라고 바라면서 말이지. 그 정도로 절박했다는 거야.

이건 몰랐지?

피델 카스트로는 최장 시간 연설 세계기록 보유자야. 유엔(UN)에서 4시간 29분 동안 연설했어.

93 미친 군비 확장 경쟁

미국과 소련은 치열하게 군비 확장 경쟁을 했어. 1960년대에 각자가 서로를 전멸시키기에 충분한 핵무기를 보유하고 있었어. 상호간에 서로 확실하게 파괴할 수 있었던 거지. 이걸 영어로 줄여서 MAD(mutually assured destruction)

라고 해. 말 그대로 둘 다 미쳤다(mad)는 거지. 한쪽에서 쏘면 말할 것도 없이 상대방도 쏘는 거고, 결국 다 죽자는 거지.

이런 상황은 1962년 '쿠바 미사일 위기'가 발생할 때까지 멈추지 않았지. 피그만(Bay of Pig) 공격은 CIA가 쿠바 침략을 지원한 사건이야. 쿠바 사람들은 당연히 이웃 국가로부터의 또 다른 공격을 걱정했겠지. 그래서 소련에 핵미사일 시설을 설치할 생각이 있는지 물어본 거야. 소련 입장에서는 아주 고마워할 일이었지!

결국에는 또 다른 사건이 터졌어. 미국이 쿠바로 미사일을 운반하는 소련의 함선들을 막았고, 소련도 이것 때문에 성가시게 되었어. 미국은 소련 주변에 있는 나라들에 미사일을 배치해 두었거든. 긴장이 점점 강해져서 3차 세계대전이 터질 것 같았어. 다행히 서로 양보해서 합의했고 전 세계는 안도의 한숨을 내쉴 수 있었지. 휴~!

이건 몰랐지?

미국 구축함이 소련 잠수함 위에 수중 폭탄을 투하했을 때, 소련 선장은 핵무기를 발사하는 명령을 내렸어. 고맙게도, 명령을 거부한 장교가 있었어. 미사일을 발사하기 전에 수면 위로 올라가서 정말로 전쟁이 터졌는지 살펴보자고 제안했다고 해.

94 우주 개발 경쟁

1950년대와 60년대에 미국과 러시아는 과잉 경쟁 집단 같았어. 무기 경쟁만 한 게 아니라 우주 개발 경쟁도 했거든. 처음에는 소련이 앞서갔어. 1957년 최초의 인공위성을 궤도에 쏘아 올렸거든. 그게 스푸트닉(Sputnik) 1호야. 이어서 1961년에는 유리 가가린(Yuri Gagarin)이 세계 최초로 우주 비행을 하게 되지. 우주에 머무른 시간은 2시간이 되지 않았지만, 우주에 갔다 온 것은 확실했어.

이건 미국에게는 사건이었고 당황했지. 빨리 따라잡아야 했어. 존 F. 케네디(John F. Kennedy) 대통령은 미국은 10년 안에 달에 착륙하겠다고 선언했어.

그 말은 실현되었지만, 케네디는 그 장면을 볼 수 없었어. 1963년에 암살되었거든. 1969년 미국 우주비행사 닐 암스트롱(astronaut Neil Armstrong)은 달에 발을 내디딘 최초의 인간이 되었어. 닐은 영원히 사라지지 않을 유명한 말을 남겼지. "이건 한 사람에게는 작은 한 발자국이지만, 인류에게는 위대한 도약이다." 그의 동료 버즈 올드린(Buzz Aldrin)이 닐의 뒤를 따라갔지만, 우주 개발 경쟁에서 2등을 위한 자리는 없었어. 소련도 마찬가지였지.

지구로 돌아오는 여정은 정말로 험난했어. 닐 암스트롱과 버즈 올드린이 달 착륙선에 돌아왔을 때, 중요한 회로차단기의 스위치가 고장 나 있었어. 그 스

위치는 지구로 돌아갈 수 있도록 엔진에 시동을 걸기 위해 꼭 필요했어. 나사(NASA)는 고장 난 스위치를 고치려고 했지만, 성공하지 못했어. 결국 올드린은 임시 스위치를 만들기 위해 펜을 장치 안으로 밀어 넣었어. 놀라우면서도 고맙게도 임시 스위치가 작동해서 우주비행사들은 무사히 귀환할 수 있었어.

95 비틀스

존, 폴, 조지, 그리고 링고는 비틀스(The Beatles)의 멤버들이야. 영국 리버풀 출신의 젊은 친구들이지. 비틀스는 팝 음악의 판도를 바꾸었어.

바가지 머리를 한 비틀스는 소리 지르며 쫓아다니는 소녀팬을 몰고 다닌 최초의 제대로 된 '보이 밴드'라고 할 수 있지. 이런 광적인 팬들을 비틀매니아라고 불렀어. 이런 광적인 팬들 때문에 가끔은 비틀스 자신들의 안전도 위협받았어. 광란의 비명소리가 너무 커서 음악이 제대로 들리지 않을 정도였대. 1966년에는 라이브로 연주하는 것을 멈추기도 했어.

비틀스는 요즘의 보이 밴드와는 조금 달랐어. 실제로 악기를 연주했거든. 직접 작곡도 했는데, 이전에는 들어보지 못한 종류의 음악이었지. 그들은 인도에 가서 정신을 확장하는 수양을 하기도 했어. 이후에 기존의 바가지 머리를 한 외모를 버렸어. 머리와 수염을 기르고 몽환적인 의상을 입었지. 비틀스는 평화와 사랑에 대한 메시지를 전달했고, 젊은이들은 열광했어.

비틀스는 다시 라이브 연주를 시작했고, 런던 중심가의 옥상에서 영원히 잊지 못할 콘서트를 가졌어. 거리와 다른 옥상에 있던 사람들은 깜짝 놀랐지. 경찰이 달려왔지만, 40분 넘게 그저 서서 공연을 바라볼 뿐이었어.

이건 몰랐지?

비틀스 멤버 중 하나였던 존 레논(John Lennon)은 1969년 오노 요코(Yoko Ono)와 결혼하고 나서 요코와 함께 세계 평화를 위한 저항의 표현으로서 '앉아 있는' 것 대신에 일주일 동안 침대 위에 '누워' 있었어. 호텔 방에서 일주일 동안 침대 위에 누워 있었고, 언론 기자들과 사진기자들이 방문했대.

96 마틴 루터 킹

마틴 루터 킹(Martin Luther King Jr.)에게는 꿈이 있었어. 흑인과 백인이 평등해지는 거지. 그는 그 꿈을 평화롭게 이루고 싶어 했어.

1955년 앨라배마주의 몽고메리시에는 버스에서 백인과 흑인을 분리하는 제도가 존재했어. 백인은 앞쪽에 앉고, 흑인은 뒤쪽에 앉아야 했지. 로자 팍스(Rosa Parks)가 백인 남자에게 자리 양보를 거절하자 체포당하는 사건이 벌어졌어. 로자는 흑인 여성이야. 마틴 루터 킹은 시내버스 승차 거부 운동을 주도했고, 운동은 381일이나 지속되었어. 직장과 학교에 가기 위해 오랫동안 걸어야 했지만, 충분히 가치가 있는 일이었지. 결국 승리했고, 분리제도는 폐지되었어.

저항은 전국적으로 퍼져나갔고, 흑인들은 '앉아 있기' 캠페인을 시작했어. 분리제도가 있는 장소에 가서 백인을 위한 구역에 앉아 있는 거지. 예를 들면, 간이 식당 같은 곳에서 말이야. 어떤 괴롭힘과 폭력이 있어도 자리를 뜨지 않고 지

켰어. 1963년 킹은 워싱턴 D.C.까지 행진을 이끌었지. 25만 명이 함께 했고, 감동적인 연설을 했어. 수많은 사람들이 체포되고, 온갖 위협을 견디고 마침내 법적인 평등을 이루게 되었어. 실제로는 여전히 평등하지 않았지만 말이야. 백인 여성들이 투표권을 쟁취한 것보다 한참 늦었지만, 흑인도 투표를 할 수 있게 되었어.

이건 몰랐지?

마틴의 적들은 마틴과는 달리 평화롭지 못했어. 1968년 마틴은 총에 맞고 비극적으로 죽게 되지. 그보다 10년 전 즈음에도 마틴은 편지 개봉용 칼에 찔린 적도 있어. 만약 재채기라도 했으면 그때 죽었을 거라고 하는군.

97 무하마드 알리

무하마드 알리(Muhammad Ali)는 '나비처럼 날아가서 벌처럼 쏠 수 있는' 권투 선수였어. 그가 아무 이유 없이 위대한 선수라고 불리는 건 아니었고, 항상 무하마드 알리라고 불린 것도 아니야.

그가 처음 권투를 시작했을 때 그의 이름은 카시우스 클레이였어. 카시우스는 싸움 기술뿐만 아니라, 독설로도 유명세를 타게 되지. 세계 챔피언이 되면서 이렇게 말했어. "나는 지금까지 살았던 것 중 가장 아름답다!" 이슬람으로 개종하면서 이름도 무하마드 알리로 바꾸었지.

베트남 전쟁에 참가하는 것을 거부했을 때, 그 당시 많은 미국 사람들이 공감했을 만한 말을 했어. "이봐, 나는 베트콩하고 싸울 일이 없어." 그러나, 미국의 많은 백인들은 알리의 이런 행동을 좋아하지 않았지. 알리에게서 챔피언 타이틀을 빼앗고 몇 년간 경기를 금지시켰어.

알리가 1970년대에 복귀했을 때에는 이전만큼 날카롭지 못했어. 그래도 그는 여전히 위대했지. 어느 누구도 알리가 1974년에 있었던 '럼블 인 더 정글(Rumble in the Jungle)' 경기에 참가할 수 있을 거라고 생각하지 못했어. 럼블 인 더 정글은 지금의 콩고 민주공화국인 자이르에서 열린 세계 헤비급 챔피언 타이틀 경기를 말해. 알리는 산처럼 거대한 조지 포먼과 경기를 하게 되지. 이 경기는 가장 유명한 권투 경기 중 하나라고 할 수 있어. 알리는 포먼을 KO 시키기 전에 그 유명한 '로프 어 도프(rope-a-dope)'라고 불리는 기술을 발휘하지. 이 기술은 마치 로프에 갇힌 것처럼 위장해서 상대방이 펀치를 마구 날리게 하는 거야. 그러면서 스스로 지치게 만드는 거지.

이건 몰랐지?

알리의 수많은 허세 중에 이런 것도 있어. "나는 아주 날쌘 사람이야. 어젯밤에는 호텔 방에서 불을 끄고 방이 캄캄해지기도 전에 침대 안으로 들어갔다니까!"

경이로운 시대

1980년대 - 현재

98 베를린 장벽

2차 세계대전이 끝나고 독일은 동독과 서독으로 나뉘게 되지. 영국, 프랑스, 미국이 서쪽을 지배하고 소련은 동쪽을 통제했어. 베를린은 엄밀히 말하면 소련의 영역이었지만, 베를린도 같은 방식으로 나누었어. 그 결과 독일은 동독과 서독 두 나라로 갈라졌고, 동독에 위치해 있던 베를린도 정치적으로 분단되었지.

소련의 강압적인 방식 때문에 많은 동독 사람들이 서독으로 가고 싶어 했어. 사람들이 이동하는 것을 막기 위해 소련은 1961년 어느 날 밤에 비밀리에 서베

를린 전 지역에 벽을 세웠지. 자고 일어나 보니 잘못된 곳에 갇혀버린 사람들도 있었어. 그 벽은 처음에는 그저 철조망이 있는 담장일 뿐이었지만, 나중에는 무장한 군인들이 지키는 콘크리트 벽으로 바뀌었지. 사람들이 벽을 넘지 못하게 하려는 거였어. 벽을 넘어가려고 하는 사람들은 총에 맞기도 했어.

1989년 11월 9일, 냉전이 마침내 끝나기 시작할 무렵, 자유로운 이동이 다시 허용되었고 수백만 명의 사람들이 국경을 넘었어. 샴페인을 마시며, 망치로 벽을 부수면서 축하했지. 가장 큰 축하는 새해 전날에 있었어. TV 스타에서 가수로 전향한 데이빗 핫셀호프(David Hasselhoff)가 장벽 위에서 〈자유를 찾아서(Looking for Freedom)〉라는 노래를 불렀지. 이 노래는 다른 곳에서는 그렇게 인기를 끌지 못했지만, 독일통일을 위한 배경음악이 되었어.

베를린 장벽도 어떤 사람들에게는 좋은 점도 있었어. 바로 그라피티(graffiti) 화가들이지. 그라피티 화가들에게 베를린 장벽의 서쪽 면은 그림을 그릴 수 있는 거대한 캔버스와 마찬가지였지. 이런 그림들 중에는 지금까지 보존되어서 볼 수 있는 것도 있다고 해.

99 가정용 컴퓨터

1970년대 이전까지 가정에서 컴퓨터를 사용하는 것은 참 어려운 일이었고, 그 당시 컴퓨터는 지금 우리가 쓰는 컴퓨터와는 참 다른 모습이었어.

1977년, 우리가 그 이름을 들어 봤을 만한 어떤 회사가 '애플 2(Apple II)'라는 가정용 컴퓨터를 출시하지. 바로 애플(Apple)이라는 회사야. 세상을 바꿀 정도의 물건이었고 텔레비전에 연결해서 사용했지. 애플의 컴퓨터는 수백만 대가 팔렸어.

스티브 잡스(Steve Jobs)는 스티브 워즈니악(Steve Wozniak)과 함께 애플(Apple)을 설립했어. 잡스는 빌 게이츠(Bill Gates)라는 젊은 친구와 함께 즐겁

게 일했어. 빌 게이츠의 마이크로소프트(Microsoft)가 1983년에 윈도우즈의 첫 번째 버전을 만들었을 때까지는 말이지. 잡스는 게이츠가 애플을 베꼈다고 비난했어. 이렇게 해서 두 회사의 격렬한 경쟁이 시작된 거야. 잡스는 마이크로소프트에 대해 "마이크로소프트의 유일한 문제는 개성이 없다는 것이다" 라고 말하고는 했어. 하지만, 애플은 1997년에 마이크로소프트로부터 1억 5000만 달러의 긴급 자금을 받아야만 했지.

영국의 클라이브 싱클레어(Clive Sinclair)와 크리스토퍼 커리(Christopher Curry) 사이에는 좀 더 얌전한 규모의 경쟁이 있었어. 두 사람은 영국의 실리콘밸리인 리피 케임브리지(Leafy Cambridge)의 대표 선수들이지. 커리가 지역신문에 낸 광고에 대해 싱클레어가 이의를 제기했을 때였어. 싱크레어는 커리가 술집에 있는 걸 발견했고, 신문을 돌돌 말아서 커리를 공격했다고 해. 아이쿠!

이건 몰랐지?

스티브는 아이팟(iPod)과 아이폰(iPhone) 개발 뒤에 있었던 사람이지만, 그게 스티브가 괴상한 버릇이 없다는 뜻은 아니지. 스티브는 스트레스를 풀기 위해 변기에 발을 담그기도 했대. 그는 애플 매킨토시(Macintosh) 컴퓨터의 이름을 애플 바이시클(Bicycle)이라고 할 뻔했어. 공장을 밝은 파란색으로 하고 싶어 한 적도 있어서 모든 기계에 페인트를 칠했어. 그래서 기계들이 망가졌지.

100 넬슨

넬슨 만델라(Nelson Mandela)는 남아프리카 공화국 최초의 흑인 대통령이야. 백인과 흑인을 분리하는 끔찍한 차별정책이 폐지된 후에 선출되었지. 1994년에 만델라가 승리한 선거는 심지어 흑인들에게 투표가 허용된 최초의 선거였어.

만델라는 젊은 시절에 변호사 교육을 받았고, 차별정책에 평화적으로 저항하고 싶어 했어. 하지만, 1960년에 69명의 흑인들이 경찰에 의해 무참히 살해당하는 사건이 발생했어. 만델라는 평화를 원했지만, 이제 다른 방법들도 고려할 때가 왔다고 생각했지. 결국 1964년에 정부에 대항한 죄로 종신형을 받고 감옥에서 27년을 보내야 했어. 하지만, 만델라가 감옥에 있는 동안 전 세계 사람들이 그의 석방을 요구했고, 인종차별정책에 대한 반대의 표시로서 수많은 스포츠팀들이 남아프리카에서 열리는 경기를 거부했지.

인종차별정책이 결국 폐지되자, 만델라는 석방되었고 마침내 대통령이 되었어. 이제 평화를 위한 시간이 온 거야. 스포츠팀들은 남아프리카 공화국에서 즐겁게 경기를 할 수 있었어. 1995년에 남아프리카공화국에서 세계 럭비 월드컵이 개최되었을 때 만델라는 남아프리카 공화국 팀의 유니폼을 입고 당당히 승리자의 시상대에 섰어. 아름다운 결말이었어.

이건 몰랐지?

넬슨 만델라는 2008년이 되어서야 미국의 테러리스트 감시 목록에서 삭제되었어. 그때 나이가 89세였지. 그들은 여전히 넬슨을 위협적인 존재로 생각했던 거지.

101 뉴 밀레니엄: 새로운 천 년의 시작 (Y2K)

1990년대 말에 과학 기술은 엄청나게 발전했어. 가정에는 컴퓨터가 많이 보급되었고, 1980년대에는 벽돌같이 컸던 휴대폰이 주머니에 들어갈 정도로 작아졌어. 팀 버너스-리(Tim Berners-Lee)는 월드 와이드 웹(World Wide Web)을 발명했어. 와이파이는 아직은 먼 얘기였지만 인터넷은 모든 사람들에게 현실이 되었다는 뜻이지.

그러나 1999년 마지막 날에 시곗바늘이 자정을 지날 때에는 밀레니엄 버그(Millennium Bug)가 큰 혼란을 일으킬 거라는 걱정에 휩싸였어. 연도 전체를 표시하지 않고 마지막 숫자 두 개만 입력한 프로그램을 사용하는 컴퓨터 시스템들이 있었거든. 그러니까, 컴퓨터가 2000년과 1900년을 식별 못 할 거라는

거였어.

이 버그를 고치기 위해 많은 돈을 써야 했어. 시스템이 마비되고, 비행기가 추락하고, 발전소가 멈출 수도 있다고 염려했거든. 심지어는 핵전쟁이 발발하고 세계 종말이 올 거라고 걱정하는 사람들도 있었어.

1999년 연말이 다가오자, 다른 사람들은 새해맞이를 하는 동안 세계 종말을 대비하며 지하 벙커에 숨은 사람들도 있었다고 해. 그렇지만, 시계가 자정을 지났을 때 아무 일도 생기지 않았어. 신나는 일로 가득한 새로운 1000년이 시작된 거야.

사람들은 세상의 종말을 걱정하기 위해 또 다른 기회를 12년 더 기다려야 했어. 많은 사람들은 고대 마야 달력에 따른 2012년 12월 21일이 종말의 날이라고 믿었어. 그래서 기다렸는데, 역시나 거짓말이었지.

미래의 이야기

앞으로 다가올 세상

역사는 사람들이 만드는 거야. 우리 자신과 가족, 친구 심지어 선생님까지도 포함해서 말이지. 우리 모두 삶을 살면서 수많은 선택들을 하고 매일매일 역사를 만들고 있는 거지. 우리가 숙제를 하는 것이, 청소를 하는 것이 혹은 하지 않는 것이 어떤 결과를 만들어 낼지 누가 알겠어?

인류 역사에서, 변화는 항상 함께였어. 그러니 미래에 무슨 일이 생길지 짐작하는 것은 참 어려운 일이지. 그런데 혹시 '미래학자'라는 사람들에 대해 들어봤어? 앞으로 무슨 일이 생길지 예측하고 연구하는 사람들이라고 해. 앞으로 우리에게 다가올지도 모르는 것들에 대해 잠깐 알아볼까?

3-D 프린터로 많은 것들을 만들 수 있을 거래. 옷이나 집을 만들 수 있고, 심지어는 인간의 장기와 음식까지도 말이야!

우리 두뇌 안에 있는 나노 로봇 덕택에 가상세계에서 살 수 있을 거라는군. 나노 로봇은 보이지 않을 만큼 아주 작은 로봇을 말해. 나노 로봇은 질병도 치료할 수 있을 거야.

컴퓨터의 인터페이스를 통해 다른 사람의 마음을 읽을 수 있을 거래. 아니면, 최소한 다른 사람의 감정과 느낌을 경험할 수 있다는 거야. 감정을 구매할 수 있을지도 몰라.

범용 번역기를 활용해서 다른 언어들을 이해할 수 있을 거야.

지구나 달의 궤도를 도는 우주 호텔로 여행갈 수 있을 거라는군.

자동화된 드론을 가지고 많은 일을 할 수 있을 거래. 소포를 배달하는 것부터 산불을 감시하는 것까지 다 할 수 있을 거야.

인공지능이 의료 행위뿐만 아니라, 자동차 심지어 옷에도 활용될 거야. 무인 자동차는 벌써 준비되어 있어. 아직 완전 자율 자동차는 아니지만, 머지않아 무인 자동차는 일반적인 형태의 교통수단이 될 거야.

물론, 그냥 예상일 뿐이지만 앞으로 무슨 일이 생길지 누가 알겠어? 100년 전에 살던 사람들도 오늘날의 세상을 알지 못했을 거야. 하지만, 옛날 사람들도 우주여행, 가정용 컴퓨터, 이어폰, 인터넷, 와이파이(wi-fi), 핵에너지와 원자폭탄, 모바일 전화, 텔레비전 그 외 많은 것들을 예상했었어.

뭐랄까, 틀린 예상들도 있었어. 예를 들면, 바퀴벌레, 파리, 모기가 멸종될 거라든가, 알파벳에서 C, Q, X는 사라질 거라는 것처럼 말이야. 고속열차는 사람들이 열차 안에서 숨을 쉴 수 없기 때문에 실현될 수 없을 거라는 예상도 있었어. 록 음악과 비틀스 같은 밴드는 성공할 수 없을 거라고 말하는 사람들도 있었지.

아마도 미래를 예상하는 가장 좋은 방법은 그냥 기다리는 것일지도 몰라. 하지만, 미래의 학생들을 위해 흥미롭고, 가치 있고, 재미있는 선물을 만들기 위해 최선을 다하는 거야. 그들도 역사 시간에 우리를 배울 테니까!